Selina Schaupp 5B

öbv

Stefan Schäfer | Johann Stangel

SPRACH RÄUME

Maturatraining

www.oebv.at

ZUR ARBEIT MIT DIESEM BUCH:

Mit Hilfe dieses Matura-Trainingbandes können Sie sich gezielt auf Ihre schriftliche Maturaprüfung vorbereiten – durch:

- eine schrittweise Anleitung zum **Erwerb aller relevanten Fähigkeiten** (= Teilkompetenzen): Lesetechniken einsetzen, argumentieren, Sprache und Stil untersuchen und beschreiben, Sachtexte und nichtlineare Texte auswerten und analysieren, Kontexte ermitteln, Aufgabenstellung erfassen, Texte planen, zitieren, paraphrasieren, Interpretationshypothesen entwickeln sowie Texte inhaltlich und sprachlich überarbeiten.

- eine **ausführliche Darstellung** der zu verfassenden **Textsorten** mit einer entsprechenden Schreibanleitung;

- **Muster-Maturaaufgaben**, die Sie bearbeiten und anhand **vollständig ausgearbeiteter Musterlösungen** überprüfen können.

Mit Ausnahme des Auftakt- und der beiden Schlusskapitel sind alle „Sprachräume-Kapitel" gleich aufgebaut:

Nach einem **Text- und Materialteil** zu einem bestimmten Thema finden Sie im ersten Abschnitt Aufgaben, die Sie zum Erwerb bestimmter Teilkompetenzen führen; diese **Teilkompetenzen** sind natürlich auch übersichtlich in **Wissensboxen** dargestellt.
Im zweiten Abschnitt des Kapitels wird in einer Wissensbox jeweils eine **Textsorte** dargestellt; Aufgaben unterstützen Sie beim Erarbeiten dieser Textsorte und geben Ihnen Hilfestellungen für das Schreiben. Der dritte Abschnitt besteht schließlich aus **Muster-Maturaaufgaben**, d. h. zwei voneinander unabhängigen Aufgabenstellungen.

Die verschiedenen Kapitel bauen aufeinander auf, denn die Muster-Maturaaufgaben berücksichtigen immer sowohl die im laufenden Kapitel dargestellte als auch die im vorhergehenden Kapitel erarbeitete Textsorte. Deshalb gibt es im Auftakt-Kapitel auch noch keine Muster-Maturaaufgabe und im vorletzten Kapitel wird keine neue Textsorte mehr eingeführt.
Dieser Aufbau verlangt auch, dass Sie bei der Bearbeitung des Bandes der vorgegebenen Reihenfolge folgen; dies erleichtert Ihnen dann aber das gezielte Wiederholen und Üben, weil Sie punktgenau auf Textsorten oder Kompetenzen zurückgreifen können.

Bei der schriftlichen Deutsch-Matura erhalten Sie drei Pakete mit jeweils zwei voneinander unabhängigen Aufgabenstellungen, von denen Sie dann ein Paket auswählen und erarbeiten. Ein solches Paket finden Sie im Schlusskapitel; dort wird auch erklärt, wie die Pakete aufgebaut sind und wie Sie am besten das für Sie passende Aufgaben-Paket auswählen können.

Vieles von dem, was Sie im Matura-Trainingband dargestellt finden, wird Ihnen dabei gar nicht neu sein, denn Sie haben in den Bänden 1 bis 3 der „Sprachräume" schon viel Wichtiges gelernt. Dieses Wissen können Sie hier vertiefen, in neuen Zusammenhängen erproben und sich damit gezielt auf eine erfolgreiche Maturaprüfung vorbereiten.

So funktionieren die Online-Codes:

Um zu den **Musterlösungen** zu kommen, gehen Sie auf www.oebv.at und geben Sie dort im Suchfeld den Online-Code ein, der am Anfang des entsprechenden Kapitels mit diesem Symbol 654321 abgedruckt ist.

Inhalt

27n7kn

SPRACHRAUM 1

Digitale Lebenswelt

Eigentlich, so sollte man meinen, kann es nur eine Realität, nur eine Lebenswelt geben – die natürliche. Moderne Medien erlauben aber zugleich andere, digital erweiterte oder ausschließlich digitale Realitäten.

Johannes Kuhn:

Reale Träume von der virtuellen Welt

Was zwischen den Gipfeln der Zukunft und den Niederungen der Gegenwart liegt, misst John Carmack in knappen Sätzen aus. „Ich kann mir eine Welt vorstellen, in der eine Milliarde Menschen Virtual-Reality-Helme nutzen", beginnt der Oculus-Technikchef seinen Auftritt auf der Game Developers Conference (GDC) in San Francisco. Eine Weile später allerdings wundert er sich, „dass es nicht mehr Youtube-Videos gibt, auf denen Menschen mit Samsung Gear beim Kotzen zu sehen sind."

Dass manchem der Sprung in die virtuelle Realität (VR) körperlich übel bekommt, ist nicht alleine das Problem der durch Oculus angetriebenen Samsung-Brille Gear VR. Und es ist nicht das einzige Problem, dass die Branche bei der Erschaffung einer komplett digitalen Umgebung zu bewältigen hat.

Die Spiele-Entwickler aus aller Welt, die in dieser Woche auf der GDC zusammenkamen, stehen derzeit vor einer existentiellen Frage: Für welches System sollen sie ihre Programme entwickeln? Das inzwischen zu Facebook gehörende Oculus galt lange als Platzhirsch. Doch weil die angekündigte PC-Brille Oculus Rift – offiziell dem Perfektionismus der Entwickler geschuldet – noch nicht in Sicht ist, wittert die Konkurrenz ihre Chance. […]

Die Aufspaltung des Marktes ist theoretisch eine gute Nachricht für Konsumenten, allerdings steigt das Risiko, dass die hohen Erwartungen durch unfertige Systeme enttäuscht werden. „Wir haben Angst, dass ein wirklich schlechtes VR-Produkt erscheint und die Branche zurück in die Neunziger katapultiert", warnte Carmack, der als Entwickler von Klassikern wie Doom, Quake und Wolfenstein einen legendären Status genießt.

Virtual Reality vs. Augmented Reality

Während die „Virtual Reality" das komplette Abtauchen in eine digitale Umgebung bedeutet, verschmelzen in der „Augmented Reality" physische und digitale Welt miteinander durch dreidimensionale Einblendungen. Entsprechende Smartphone-Anwendungen existieren, konnten sich aber nicht durchsetzen; Googles Datenbrille Glass floppte. Microsoft stellte mit Hololens jüngst eine eigene Datenbrille vor, ist aber nur einer von vielen Akteuren. Die Faustregel: Während Virtual Reality für den Unterhaltungssektor ist, findet Augmented Reality in der Geschäftswelt Anwendung – zum Beispiel können sie Ärzte bei Operationen unterstützen oder Entwicklungsteams im Büro 3-D-Modelle von Prototypen vor Augen führen.

Die Euphorie auf der GDC war dennoch deutlich spürbar, Branchenvertreter vergleichen die Gegenwart immer wieder mit den Anfangszeiten des iPhones. Die VR-Technik hat in den vergangenen zwölf Monaten große Fortschritte gemacht, wie die Demo-Anwendungen zeigen: Nutzer können unter dem Datenhelm nun ein Basketball-Spiel der NBA am Spielfeldrand verfolgen, am Strand sitzen und den Wellen zuhören oder sich von einem Dinosaurier erschrecken lassen – und das so realitätsnah, dass reale und virtuelle Welt auf den ersten Blick kaum auseinanderzuhalten sind.

Die wenige Minuten langen Ausschnitte sagen allerdings noch nichts darüber aus, wie komplex die digitalen Umgebungen der ersten Generation wirklich sein werden. Um einen dreidimensionalen Raum zu erschaffen, muss ein Computer für jedes Auge ein eigenes Bild berechnen. Je detaillierter die digitale Umwelt und je stärker der Datenbrillen-Träger den Kopf bewegt, desto höher der Rechenaufwand und die Wahrscheinlichkeit, dass es zu Verzögerungen kommt – jenes Phänomen, das Nutzer buchstäblich zum Kotzen finden. Gerade die Smartphone-Anwendungen dürften deshalb weniger opulent daherkommen, und dennoch viel Rechenkraft benötigen, sodass Handy-Batterien in Rekordzeit ausgesaugt werden.

Ein anderes ungelöstes Problem in der VR-Welt liegt unterhalb des Halses – denn bislang gibt es noch kein Patentrezept, um Körperbewegungen dort abzubilden. In einigen Prototypen-Anwendungen bewegt sich der Nutzer noch per Konsolen-Controller, ein ziemlich altbackenes Rezept für die neuen Wunderwelten.

Die Alternativen sind vielfältig und haben neue Hardware-Hersteller auf den Plan gerufen: Eine Firma mit dem Namen Optitrack bietet Tausende Dollar teure Kamera-Systeme an, die Nutzer-Bewegungen minutiös verfolgen, aber viel Platz brauchen. Das Hongkonger Startup Perception Neuron verkauft eine Art Sensoren-Überwurf inklusive Datenhandschuh, der die Bewegungen überträgt. Virtuix Omni sieht wie ein Fitnessgerät aus, es umschließt die Hüften des Spielers lässt ihn auf der Stelle laufen, damit er in der virtuellen Welt vom Fleck kommt. Und HTC-Partner Valve hat mit Lighthouse ein System angekündigt, das die Bewegungen von Datenhelm-Trägern per Laser vermisst.

Womöglich aber spielt der Bewegungs-Faktor in der virtuellen Welt eine weniger große Rolle, als viele derzeit glauben. „Gamer müssen endlich aufhören zu glauben, dass das ihre Technologie ist“, sagt der Spielkultur-Experte Jamin Warren, der die Seite Kill Screen betreibt. „Womöglich werden die Menschen in der virtuellen Realität ästhetisch anspruchsvolle Rückzugsorte suchen.“

Statt durch 3-D-Umgebungen zu hetzen, könnten Menschen die Technologie für Sport-Übertragungen, den Besuch virtueller Reiseziele oder dreidimensionale Videochats nutzen. Und auch die von Oculus-Technikchef Carmack beschriebene weltweite Verbreitung der Datenbrillen hängt von Gerätepreisen, Breitband-Durchdringung der Entwicklung unverzichtbarer Anwendungen und nicht zuletzt einer weniger klobigen Form der Datenbrillen ab. Entsprechend liegen die Marktprognosen für das Jahr 2018 je nach Optimismus weit auseinander – die Schätzungen gehen von einer bis zu sieben Milliarden US-Dollar.

(Süddeutsche Zeitung, 06.03.2015; Auszug)

Thomas Hödlmoser/Christian Resch:

Gesichert für die Ewigkeit?

„iezt wünsch ich eine gute nacht, scheissen sie ins beet daß es kracht; schlafens gesund, reckens den arsch zum mund, ich gehe izt nach schlaraffen, und thue ein wenig schlaffen.“ So schrieb ein junger Mann mit dem Namen Wolfgang Amadé Mozart im November 1777 an seine Cousine, das „bäsle häsle“ in Augsburg. Den Vorgängen im menschlichen Verdauungstrakt räumte Mozart, „Edler von Sauschwanz“, in seinen Briefen an die Cousine viel Platz ein. Es wäre ein Jammer, hätte er schon ein Handy besessen – die Nachwelt wüsste nichts von den schelmischen Sprüchen, die das Musikgenie während der Reise nach Paris zu Papier brachte. Denn heute würde sich Mozart wohl via SMS mit dem „Bäsle“ austauschen – und allzu freche digitale Nachrichten beizeiten wieder löschen.

Schließlich wird jetzt so gut wie alles digital mitgeteilt. Die Liebeserklärung kommt via SMS – und wird gelöscht, bevor sie der Ehepartner auf dem Handy entdeckt. Die Ansichtskarten, die früher jahrelang die Pinnwände der Büros zierten, sind verschwunden, weil Fotos aus dem Urlaub über WhatsApp verschickt werden. Briefe schreibt kaum noch jemand, dafür umso mehr E-Mails. Letztgenannte werden spätestens dann in Bausch und Bogen gelöscht, wenn das Postfach voll ist. Wer nicht aufpasst und E-Mails mit besonderer Relevanz nicht zuvor sichert, eliminiert möglicherweise wertvolle Inhalte per Mausklick.

Fotos von Familienfeiern und Ausflügen waren früher eine Besonderheit. Jeder Film kostete bares Geld, umso mehr Mühe gab man sich deshalb beim Fotografieren, umso genauer wurde jedes Bild ausgewählt, ins Fotoalbum geklebt und dann fein säuberlich mit einem Bildtext versehen. Heute wird zu jeder Zeit alles festgehalten. Es gibt eine Unmenge an Fotos, die dann unbeachtet irgendwo auf einer Festplatte versteckt schlummern.

„Ich habe meine Diplomarbeit 1994 auf Diskette gespeichert. Jetzt passt die Diskette in keinen Computer mehr.“

„Nein, dieses Handyfoto von unserem Ausflug hab ich nicht mehr, weil das Handy kaputt gegangen ist.“

„Die ersten Worte unserer Kinder? Die können wir nicht mehr abspielen – das Aufnahmegerät hat den Geist aufgegeben und die Kassette passt in neue Geräte nicht mehr rein.“

Solche Sätze hört man immer öfter. Im Alltag hat man den Eindruck, als würde die fortschreitende Technik langfristig dazu führen, dass von uns weit weniger in Erinnerung bleiben wird als von den Generationen vor uns, die Briefe, Tagebücher und

Schwarz-Weiß-Fotos hinterlassen haben. Was also bleibt von uns?

Diese Frage beschäftigt mittlerweile Wissenschafter auf der ganzen Welt. „Digitales Vergessen“ nennen sie das Phänomen – das verbunden ist mit der diffusen Angst, wir könnten einem neuen, „dunklen Zeitalter“ entgegengehen. Ganz ähnlich der Zeit nach dem Untergang des Imperium Romanum, aus der Historiker kaum schriftliche Quellen haben, eine quasi ahistorische Zeit. Und eine Gesellschaft, die ihre Vergangenheit verloren hat, sei, so die Befürchtung, nicht fähig für eine blühende Zukunft.

„Das ist ein Kulturpessimismus, den ich verstehe, aber nicht teile“, sagt dazu Holger Simon. Der Kunsthistoriker und Unternehmer aus Nordrhein-Westfalen hat sich die Erhaltung unserer Kulturgüter und deren Sicherstellung in der digitalen Zeit zur Lebensaufgabe gemacht. So entwickelte er an der Uni Köln das Bildarchiv Prometheus sowie das Digitale Historische Archiv Köln. Eines bestätigt Simon aber sofort: „Die digitale Transformation verändert alles.“ Simon sieht aber nicht Gefahren, Abstieg und Kulturverlust, sondern ungeahnte Chancen: „Daten so effektiv zu speichern wie heute, das konnten wir in der Weltgeschichte noch nie. Und: Noch nie hatten wir diese unglaublichen Möglichkeiten, auf diese Riesenmenge an Daten schnell und effektiv zuzugreifen.“

Simon nennt das Beispiel eines Archivars in der antiken Bibliothek zu Alexandria. Dieser habe nie alle 500.000 Schriftrollen dort lesen oder auch nur sichten können. Und er sei machtlos gewesen, als das Gebäude samt Bestand mehrfach in seiner Geschichte ein Raub der Flammen wurde. Heute könnte besagter Archivar über Suchsysteme auf alles Wissen zugreifen. Daten würden dezentral auf Servern und Computern in der „Cloud“ gespeichert – und würden nie durch ein Einzelereignis wie Brand oder Krieg zerstört. Simons Kernthese lautet daher: „Das digitale Buch ist langlebiger als das analoge.“

Was am 3. März 2009 in Köln passierte, scheint diese These zu bestätigen: An diesem Tag stürzte das Stadtarchiv ein, eines der wichtigsten europäischen Kommunalarchive, das Stadtgedächtnis von Köln. 30 Regalkilometer an Archivmaterial wurden verschüttet. Mehr als tausend Jahre Stadt-, Regional und Kirchengeschichte lagen unter Schutt, unter Trümmern und im Wasser – Urkunden, Testamente, Handschriften, Originale von Albertus Magnus, Napoleon, Giuseppe Verdi, Heinrich Böll und vielen anderen. Es war die größte Kulturgut-Katastrophe in Deutschland seit dem Zweiten Weltkrieg. Die geborgenen Bestände liegen noch immer in mehreren „Asyl-Archiven“ in Deutschland, sie werden nach und nach in ein zentrales Sammelmagazin nach Düsseldorf gebracht. Was schwerer wiegt: 200 Mitarbeiterinnen und Mitarbeiter sind noch Jahrzehnte damit beschäftigt, das Archivgut zu restaurieren und wieder in einen Bestandszusammenhang zu bringen. „30, 40 Jahre brauchen wir für den Abschluss der Arbeiten“, sagt Archivdirektorin Bettina Schmidt-Czaia. „Unser Anspruch ist, dass alles, was geborgen ist, gerettet wird – und sei es als Fragment.“

Die historischen Schätze werden aber nicht nur restauriert, sondern allesamt auch digitalisiert. So sollen sie vor Unfällen und dem Zahn der Zeit geschützt werden, der an alten Quellen nagt. Außerdem wird auf diese Weise der Zugang der Bürger zu den Beständen erleichtert, da sich der Weg in die Bibliothek erübrigt. Die Digitalisierung sei ein wichtiger Schritt hin zu einem „Bürgerarchiv“, sagt Schmidt-Czaia.

Ähnlich sieht man das in der Österreichischen Nationalbibliothek (ÖNB). Generaldirektorin Johanna Rachinger spricht von einer „Demokratisierung des Zugangs zum Wissen“. Denn mit der Digitalisierung von historischen Quellen sei auch die Zahl der Nutzer erheblich gestiegen. „Seitdem greifen wesentlich mehr Menschen darauf zu“, sagt Rachinger. In den Lesesälen der Nationalbibliothek seien pro Tag rund 800 Personen. „Beim Projekt ‚Anno‘ haben wir täglich 3000 Leser.“

„Anno“ – das ist der digitale Zeitungslesesaal der Nationalbibliothek. Mehr als 15 Millionen Seiten von Zeitungsausgaben sind dort bereits gespeichert. Das älteste Blatt, das online von jedem Ort der Welt eingesehen werden kann, stammt aus dem Jahr 1568. Die digitalisierten historischen Quellen würden künftig noch mehr an Bedeutung gewinnen. „Was in Zukunft nicht online ist, wird nicht mehr wahrgenommen werden“, sagt Rachinger.

In der Nationalbibliothek werden neben Zeitungen auch historische Postkarten und Bilder archiviert. Sogar das Wissen im Netz wird gesammelt: Ein Mal in zwei Jahren gibt es eine Web-Archivierung, bei der Inhalte aller Seiten der at-Domain in einer Momentaufnahme gespeichert werden. Archiviert werden überdies elektronische Publikationen – etwa E-Books oder wissenschaftliche Zeitschriften, die nur online erscheinen. Und wie lange bleibt all das erhalten? Sind digitalisierte Daten so langlebig wie Papyrus oder Pergament? „Wir gehen davon aus, dass wir die digitalen Daten langfristig archivieren können“, sagt Rachinger. „Wir denken in Ewigkeitskategorien.“

Freilich: Hier sprechen Wissenschafter, Profis in Fragen der Archivierung, die entsprechend auf staatliche Ressourcen und damit auf das Geld des Steuerzahlers zugreifen können. Ganz anders verläuft der Kampf gegen das „digitale Vergessen“, wenn ihn Menschen im Alltag führen müssen. Gewiss, ihre Hinterlassenschaften mögen nicht von historischer Bedeutung sein. Oder manchmal vielleicht doch?

„Was der deutsche Soldat aus Kunduz an seine Familie mailt, wer wird das in zweihundert Jahren noch lesen können?“, fragt etwa Paul Klimpel. Der Jurist, Philosoph und Kulturmanager beschäftigt sich seit Jahren mit den Folgen der Digitalisierung für Kultur und Kulturbetriebe. „Es ist eine Tatsache, dass 80 Prozent aller Internetlinks nach 20 Jahren tot sind“, sagt er. „Der große Unterschied ist: Früher musste man etwas einfach nur nicht wegwerfen, um es zu erhalten. Heute muss man ganz konkrete Schritte setzen, um die Vernichtung zu verhindern.“ Wer will, dass seine gelöschten E-Mails nicht auf ewig verloren sind, muss dafür sorgen, dass sie im Papierkorb des E-Mail-Faches erhalten bleiben. Wer ein SMS sucht, nachdem es versehentlich gelöscht worden ist, muss diese über die Handysoftware-Anbieter, zum Beispiel Microsoft oder Apple, sichern. Das ist freilich alles weitaus aufwendiger und umständlicher, als einen Brief in einem Schrank aufzubewahren, wie es früher üblich war.

Daten auf neue Speicher zu überführen, zu archivieren, umzuformatieren, damit seien „Normalmenschen“ oft überfordert, sagt Klimpel. Auch das maßlose Vertrauen in die Speicherkapazität des Netzes an sich, in die „Cloud“, teilen Kritiker wie Klimpel nur bedingt: „Wer sagt, dass es den Provider und seine Server in 20 Jahren noch gibt? Und erst in 200 Jahren?“

(Salzburger Nachrichten, 04.06.2016)

Lesetechniken erarbeiten

1.1 **Formulieren Sie Ihre Erwartungen, die Sie an einen Zeitungstext mit der Überschrift „Reale Träume von der virtuellen Welt“ haben.**

1.2 **Lesen Sie nun den Text „Reale Träume von der virtuellen Welt“ (zunächst ohne den Infokasten „Virtuell Reality vs. Augmented Reality“). Suchen Sie dann gemeinsam mit Ihrem Sitznachbarn/Ihrer Sitznachbarin im Text die Stellen, die die Bedeutung der folgenden Wörter bzw. Ausdrücke verdeutlichen.**

a virtuelle Realität (Z. 11) ____________________

b existentiell (Z. 19) ____________________

c Euphorie (Z. 35) ____________________

1.3 **Lesen Sie nun den Infokasten „Virtuell Reality vs. Augmented Reality“ und lösen Sie das folgende Satzgefüge in einzelne Hauptsätze auf. Achten Sie dabei darauf, dass Sie zusammengehörende Informationen in einem Satz bündeln.**

Die Faustregel: Während Virtual Reality für den Unterhaltungssektor ist, findet Augmented Reality in der Geschäftswelt Anwendung – zum Beispiel können sie Ärzte bei Operationen unterstützen oder Entwicklungsteams im Büro 3-D-Modelle von Prototypen vor Augen führen.

____

1.4 **Erschließen Sie sich den Text „Reale Träume von der virtuellen Welt“ (vgl. die Schritte 4 und 5 in der Wissensbox) inhaltlich. Gliedern Sie den Text in Sinnabschnitte und fassen Sie diese Abschnitte knapp zusammen. Arbeiten Sie in Ihrem Heft.**

W Beim **Erschließen von Texten** können Sie so vorgehen:

Schritt 1: Leseerwartung formulieren: Ausgehend von der Überschrift, dem Autor/der Autorin, der Textsorte und dem Leseanlass klären: Welche Informationen kann der Text enthalten? Was will ich von dem Text wissen? Was könnte die Absicht des Textes sein?
Schritt 2: Text genau lesen, schwierige oder noch unverständliche Textstellen markieren
Schritt 3: Leseklippen überwinden
- Bei schwierigen oder unbekannten Wörtern suchen Sie im Text nach Stellen, die Hinweise auf die mögliche Bedeutung enthalten, und erschließen so die Bedeutung. Die meisten Wörter lassen sich so klären.
- Komplexe Sätze können Sie vereinfachen, indem Sie das Gefüge in mehrere Teilaussagen zerlegen.

Schritt 4: Inhaltsfragen an den Text richten: Beantworten Sie für sich aus dem Text heraus, worum es geht (wer, wo, was, wann, wie, warum, mit welchen Folgen).
Schritt 5: Textmarkierungen vornehmen – Textmarkierungen sollen nicht nur helfen, wichtige Inhalte schnell wiederzufinden, sondern sollen auch die Textstruktur verdeutlichen. Neben Unterstreichungen sollte man deshalb auch mit Pfeilen (um Verbindungen zwischen Textstellen zu verdeutlichen) und unterschiedlichen Farben (für unterschiedliche Themen, Positionen, Begriffsfelder, …) arbeiten.
Schritt 6: Bewertungsfragen an den Text richten: Welche Fragen werden beantwortet, welche dagegen nicht? Welche neuen Fragen ergeben sich aus dem Text? Welche Absicht verfolgt der Autor/die Autorin mit seinem/ihrem Text? Überzeugen Aufbau/Struktur des Textes? Wie ist die Sprache des Textes?
Schritt 7: Leseergebnisse schriftlich festhalten (z. B. in Form von Randspaltennotizen, als Tabelle …)

1.5 **Bewerten Sie den Text „Reale Träume von der virtuellen Welt": Welches Ziel verfolgt der Autor Johannes Kuhn mit seinem Text? Tauschen Sie sich mit Ihren Mitschülerinnen und Mitschülern aus.**

Zusammenfassungen schreiben

1.6 **Halten Sie für den Text „Gesichert für die Ewigkeit?" die wesentlichen formalen Angaben (Autor/Autorin, Titel, Thema, …) in Form einer Aufzählung (Liste) fest.**

1.7 **Im Folgenden finden Sie die wichtigsten Informationen aus dem Text „Gesichert für die Ewigkeit?" stichwortartig in der Reihenfolge, wie sie im Text vorkommen, dargestellt.**

a Diskutieren Sie in kleinen Gruppen, wie sich die verschiedenen Informationen verknüpfen und gegebenenfalls weiter zusammenfassen lassen. Welche Informationen können vielleicht ganz gestrichen werden? Welche müssen präzisiert werden?

b Erstellen Sie in der gleichen Gruppe einen Schreibplan für eine Zusammenfassung.

c Stellen Sie im Plenum Ihre Gruppenarbeitsergebnisse vor und diskutieren Sie diese.

1. Beispiel Mozart-Zitat, das überliefert ist, aber als SMS wohl verloren gegangen wäre
2. digital übermittelte Informationen (weitere Beispiele: SMS, Bild per WhatsApp, E-Mail) werden häufig bald gelöscht oder bleiben in der Masse an Informationen (z. B. Unmenge an Fotos auf der Festplatte) unbeachtet
3. drei konkrete Beispiele in Form von wörtlicher Rede für Fälle, in denen Speichermedien versagt haben
4. Beispiele könnten auf das Phänomen des „digitalen Vergessens" hinweisen
5. Phänomen des „digitalen Vergessens" könnte darauf deuten, dass die Menschen einem neuen „dunklen Zeitalter" entgegengehen
6. Kunsthistoriker Holger Simon, der sich die Erhaltung von Kulturgütern zur Lebensaufgabe gemacht hat (Bildarchiv Prometheus und Digitales Historisches Archiv Köln), sieht in der Angst vor einem „dunklen Zeitalter" Kulturpessimismus
7. Simon bestätigt: „Die digitale Transformation verändert alles." – sieht dies aber positiv (effektive Speichermöglichkeiten und guter Zugriff auf die Daten)
8. Beispiel: antike Bibliothek in Alexandria mit 500.000 Schriftrollen, die von einem einzelnen Menschen nicht gesichtet werden konnten – heute dagegen gibt es Suchsysteme
9. Dateien sind außerdem dezentral und in „Clouds" gespeichert und deshalb weniger zerstörungsanfällig
10. These Simons: „Das digitale Buch ist langlebiger als das analoge."
11. Beispiel, das die These Simons bestätigt: Einsturz

des Stadtarchivs Köln im März 2009; 200 Menschen sind über Jahrzehnte damit beschäftigt, das Archivgut zu restaurieren.
12. Was in Köln gerettet werden kann, wird zugleich digitalisiert, um die Dokumente zu schützen
13. zugleich ermöglicht es die Digitalisierung, dass mehr Menschen Zugang zu den Informationen bekommen
14. Beispiel Projekt „Anno" der Österreichischen Nationalbibliothek, das 15 Millionen Zeitungsseiten digitalisiert hat: Im Lesesaal seien pro Tag 800, im digitalen Lesesaal dagegen 3000 Leser
15. Österreichische Nationalbibliothek digitalisiert außerdem Postkarten, Bilder, alle Inhalte der at-Domains sowie elektronische Publikationen
16. Zitat Generaldirektorin der Österreichischen Nationalbibliothek Johanna Rachinger: „Wir denken in Ewigkeitskategorien."
17. Schwierig sei, so der Kulturmanager Paul Klimpel, die dauerhafte Digitalisierung von Informationen für den „Normalmenschen" – heute reicht es nicht, etwas einfach nur aufzubewahren

1.8 **Bewerten Sie die folgende Einleitung in eine Zusammenfassung des Textes „Gesichert für die Ewigkeit?" im Gespräch mit Ihren Mitschülerinnen und Mitschülern.**

In ihrem Hintergrundbericht „Gesichert für die Ewigkeit?", der am 4. Juni 2016 in den Salzburger Nachrichten erschienen ist, gehen die beiden Autoren Thomas Hödlmoser und Christian Resch der Frage nach, wie Informationen im digitalen Zeitalter am dauerhaftesten gespeichert werden können, wobei sie an alltägliche Erfahrungen anknüpfen (gelöschte E-Mails, veraltete Speichermedien).

1.9 **Verfassen Sie auf der Grundlage Ihrer Vorarbeiten (Aufgabe 1.6 und 1.7) sowie der Einleitung aus Aufgabe 1.8 eine vollständige knappe Zusammenfassung des Textes „Gesichert für die Ewigkeit?" (zwischen 270 und 330 Wörter). Tauschen Sie anschließend Ihre Zusammenfassung mit der eines Mitschülers bzw. einer Mitschülerin aus und geben Sie sich gegenseitig Verbesserungstipps.**

1.10 **Lesen Sie ggf. noch einmal den Text „Reale Träume von der virtuellen Realität" von Johannes Kuhn und schreiben Sie selbstständig eine knappe Zusammenfassung dieses Textes (zwischen 270 und 330 Wörter). Sie können dabei auf Ihre Arbeitsergebnisse aus den Aufgaben 1.3 bis 1.5 zurückgreifen.**

W **Zusammenfassungen** können aus ganz unterschiedlichen Anlässen verfasst werden, sie können alleine einen Text bilden oder in andere Textsorten (z. B. in eine Buch-Rezension, eine Empfehlung, eine Filmkritik usw.) integriert werden. **Wesentliche Merkmale** der Textsorte sind:

- Zusammenfassungen enthalten alle wesentlichen Angaben über den zusammengefassten Text: Autor/Autorin, Titel, Thema, Textsorte, Entstehungszeit und Umfang.
- Zusammenfassungen reduzieren die Informationen, Handlungsschritte, Aussagen usw. des Ausgangstextes um unwichtige bzw. weniger wichtige Details.
- Zusammenfassungen werden stets im Präsens verfasst. Dies gilt auch für Erzähltexte oder historische Berichte.
- Zusammenfassungen werden immer in einem sachlichen Stil und in der Standardsprache verfasst und enthalten keine persönliche Bewertung (es sei denn, sie wird in der Aufgabenstellung ausdrücklich verlangt).

Beim **Schreiben einer Zusammenfassung** können Sie so vorgehen:
Schritt 1: Ausgangstext erschließen (siehe oben)
Schritt 2: Zusammenfassung planen – Achten Sie besonders auf:
- Einleitung: Hier sollten auf jeden Fall bereits schon wesentliche Aussagen über den Text enthalten sein; suchen Sie, wenn möglich, nach Alternativen zum Standardsatz „In dem Sachtext X aus der Zeitung Y beschreibt Z, wie …"
- Schluss: Hier sollten Sie sich vor dem Schreiben im Klaren darüber sein, mit welcher Information Sie Ihren Text abschließen möchten.
- Gliederung: In den meisten Fällen ist es sinnvoll, sich in der Gliederung der Zusammenfassung an der Gliederung des Ausgangstextes zu orientieren. Manchmal, insbesondere bei Sachtexten, finden sich im Ausgangstext aber auch thematische Sprünge, bei denen es nicht sinnvoll ist, sie in die Zusammenfassung zu übernehmen.
- Inhalt: Prüfen Sie vor und während des Schreibens immer wieder, ob Sie den Ausgangstext wirklich ausreichend verkürzt wiedergeben. Die meisten Menschen neigen dazu, ausführlicher „zusammenzufassen" als nötig.

Schritt 3: Schreiben der Zusammenfassung – Achten Sie auf einen sachlichen, standardsprachlichen Stil.
Schritt 4: Überarbeiten der Zusammenfassung, vgl. Sprachraum 9.

25n6jt

SPRACHRAUM 2

Flucht

Der Begriff „Flucht“ wird gedanklich meist mit Verfolgung in Verbindung gebracht. Doch fliehen kann man aus ganz unterschiedlichen Gründen und natürlich auch auf ganz unterschiedliche Arten.

Gerald John:

Wenn der „Ansturm“ der „Asylanten“ losbricht

„Flüchtlingswelle“ suggeriert Bedrohung, „Asylwerber“ klingt nach Bittsteller, „Schwarzafrikaner“ nach Kolonialzeit: Die Ausländerdebatte dreht sich auch um die Wortwahl. Nötige Sensibilisierung oder Tugendterror?

Wien – Die Schlagzeile klang nach Unheil und Bedrohung: „Flüchtlinge, Aussiedler, Asylanten – Ansturm der Armen“ prangte in fetten Lettern auf der Titelseite, illustriert mit einem belagerten, fast vollen Boot. Panikmache eines reißerischen Boulevardblattes? Irrtum. Es war der hochseriöse Spiegel, der sein Cover mit dieser Headline zierte.

Zur Ehrenrettung des deutschen Magazins sei angemerkt: Die Ausgabe ist 24 Jahre alt. Damals stand „Asylant“, einst ein harmloser Ausdruck, erst auf halbem Weg zum Schimpfwort. Unzählige Debatten über „Asylantenschwemme“ und „Scheinasylanten“ später ist der Begriff heute so stigmatisiert, dass ihn Medien und Politiker des Mainstreams in Österreich und Deutschland kaum mehr verwenden. […]

Metamorphose des Ausländers

„Die Bedeutung eines Wortes ist sein Gebrauch in der Sprache“, schrieb der Philosoph Ludwig Wittgenstein, und diese ist in keiner anderen Debatte so volatil[1] wie in jener über Flüchtlinge, Zuwanderer und Integration. Vom Gastarbeiter, der – wie das Wort suggeriert – (hoffentlich) bald wieder verschwindet, bis zum Menschen mit Migrationshintergrund hat der landläufige „Ausländer“ eine komplizierte Metamorphose durchgemacht – was selbst über das rechte Lager hinaus bisweilen auf Unverständnis und Ärger über semantischen „Tugendterror“ stößt. „Die Sprachdebatten wirken manchmal lächerlich“, räumt Pollak [Sprecher von SOS-Mitmensch] ein, „doch um Political Correctness geht es dabei nicht, sondern um Respekt und Präzision.“

Versklavter Mohr im Hemd

Dieser Anspruch stoße in der Praxis jedoch auf ein Problem, sagt Martin Haase, Sprachwissenschafter an der Universität Bamberg und Mitbetreiber eines „Neusprech“-Blogs: „Es gibt oft keine völlig neutralen Begriffe.“ Haase verweist auf die gängigen Alternativen zum verpönten Asylanten: Die Bezeichnungen Asylwerber (Österreich) und Asylbewerber (Deutschland) unterstellten, dass Asyl etwas wäre, um das man sich „wie um einen Job bewerben müsse“; tatsächlich handelt es sich aber um ein Grundrecht, das nicht von Gutdünken abhängt. Selbst „Flüchtling“ erregt in den Ohren mancher Sprachwächter Anstoß, habe doch das Gros der Wörter mit der Endung -ling einen negativen Beiklang.

Spitzfindigkeiten musste sich Simon Inou oft vorhalten lassen bei seinem Feldzug gegen das – wie er sagt – „M-Wort“. Sauer aufgestoßen war dem aus Kamerun stammenden Journalisten eine süße Diskriminierung: Der hierzulande ins Hemd gesteckte „Mohr“ ist für ihn nichts anderes als ein rassistisches Stereotyp, das für den „versklavten Afrikaner“ steht. Der Mohr im Hemd sei mittlerweile von mancher Speisekarte verschwunden, erzählt Inou. Das Vorarlberger Mohrenbräu mit dem wulstlippigen Afrokopf als Logo gibt es hingegen immer noch.

Begriffe aus der Kolonialzeit

Erfolgreicher war, wenn auch nach jahrzehntelangem Kampf, die Kampagne gegen den „Neger“, heute Unwort schlechthin. Allerdings lehnt die Mehrheit der afrikanischen Community auch die verbreitete Alternative Schwarzafrikaner ab – nicht nur weil der Begriff in der Kolonialzeit wurzelt. „Googeln Sie das Wort einmal“, empfiehlt Inou, „Sie werden es zu einem Gutteil in Zusammenhang mit Kriminalität finden.“

Als Ersatz nennt Inou „Afroösterreicher“ oder schlicht „Schwarze“. Schwieriger ist da schon die Bezeichnung des Gebietes: „Subsahara-Afrika“ klingt sperrig und ist ebenfalls nicht unumstritten.

Militärische Metaphern

Grenzt das nicht an Wortklauberei? Was bringt die

mühsame Suche nach dem korrekten Ausdruck? „Wir haben die Welt ja nicht vor uns und kleben ihr Etiketten auf", gibt Martin Wengeler, Professor für germanistische Linguistik an der Uni Trier, zu bedenken: „Vielmehr wird mit Sprache Wirklichkeit konstruiert. Die Wahl der Worte beeinflusst unser Denken." Wenn Medien in der Asyldebatte etwa von „Flut" oder „Wellen" berichteten, sei es kein Wunder, wenn Flüchtlinge vor allem als Bedrohung und Chaosstifter wahrgenommen würden. Das Gleiche gelte für militärische Metaphern wie „Ansturm" – ein Begriff, der auch in Artikeln des STANDARD auftaucht und in der Redaktion selbst heißumstritten ist. Dass da eine selbsternannte Sprachpolizei Zustände beschönige, wenn nicht sogar Zensur ausübe, lässt Wengeler nicht gelten. Es sei ja schon ein Running Gag, dass jene, die ständig Sprechverbote beklagten, ihre Überzeugungen in Talkshows am lautesten herausschrien. Niemand hindere sie daran, sagt der Linguist: „Umgekehrt lasse ich mir aber auch nicht verbieten, eine menschenfreundliche, nichtdiskriminierende Sprache zu verwenden."

(Der Standard, 13.11.2015)

1 volatil: schwankend

Interview von Maria Sterkl mit dem Sprachwissenschafter Anatol Stefanowitsch (Jg. 1970, Freie Uni Berlin)

„Asylant" und Co: „Dann darf ich das Wort eben nicht verwenden"

Es gibt keine Denkverbote, man darf alles sagen – man sollte aber wissen, was man damit bewirkt, sagt Sprachforscher Anatol Stefanowitsch

STANDARD: *„Was darf man heute überhaupt noch sagen?", heißt es oft. Was antworten Sie?*

STEFANOWITSCH: Man darf natürlich alles sagen – außer explizit Verbotenes wie Holocaustleugnung oder Beleidigung. Meistens meinen die Leute damit, man darf nichts mehr sagen, ohne kritisiert zu werden. Ich würde raten: Ist man unsicher, ob man ein Wort verwenden soll oder nicht, sollte man sich auf sein Gespür verlassen, ob mit diesem Wort Absichten verbunden werden könnten. In den meisten Fällen sollte es allgemein bekannt sein. Wer noch nicht mitbekommen hat, dass der „Zigeuner" als herabwürdigend empfunden wird und es auch gute historische Gründe gibt, das nicht zu verwenden, den kann man kaum ernst nehmen.

STANDARD: *Nicht immer ist es so eindeutig. „Asylant" war früher gebräuchlicher, jetzt nicht mehr. Wer bestimmt, ab wann ein Begriff nicht mehr akzeptabel ist?*

STEFANOWITSCH: „Asylant" war nie ein ganz normales Wort, es war immer negativ behaftet und grenzte sich von anderen Begriffen wie den „Asylsuchenden" ab, die es damals ja auch schon gab. Negativ behaftete Wörter werden aber oft als neutral empfunden – nämlich dann, wenn die Gesellschaft sich mehr oder weniger einig ist, dass das, worüber man spricht, negativ ist. Lebe ich in einer Gesellschaft, in der eine Art Alltagsrassismus selbstverständlich ist, dann kommen mir natürlich rassistische Bezeichnungen eher normal vor.

STANDARD: *Ist die Gesellschaft also sprachsensibler als früher?*

STEFANOWITSCH: Sehr vorsichtig würde ich sagen: ja. Wir führen zwar immer wieder dieselbe Diskussion, über Wörter in Kinderbüchern etwa, aber immerhin wird diskutiert – in den 1950ern war das anders.

STANDARD: *Wenn aber heute jemand „Asylant" sagt und es gar nicht böse meint?*

STEFANOWITSCH: Wenn ein Begriff nur von bestimmten rechten Gruppen verwendet wird, und ich verwende ihn auch, muss ich damit rechnen, dass ich dieser Gruppe zugeordnet werde. Will ich das nicht, dann darf ich das Wort eben nicht verwenden – auch wenn es mir selbst noch so harmlos erscheint.

STANDARD: *Welche Begriffe stören Sie in der Flüchtlingsdebatte?*

STEFANOWITSCH: Es klingt harmlos, ist aber perfide: die „Obergrenze". Das ist das neue „Das Boot ist voll". Diese Überfüllungsmetaphorik tut so, als ob das Erreichen der Obergrenze unmittelbar bevorstehe. Und sie sagt: Wir müssen die Menge reduzieren. Auch die „Flüchtlingsflut" oder „-welle" tut so, als gebe es nur die Option, Dämme zu bauen. Man könnte aber fragen, ob es in Deutschland nicht noch viel Platz gäbe. In der Flut und der Obergrenze ist ein produktiver Umgang mit dem Problem gar nicht vorgesehen.

STANDARD: *Man kann sehr bemüht um sensible Sprache sein – und trotzdem grausame Dinge sagen.*

STEFANOWITSCH: Ja, auf jeden Fall. Aber es schlägt auch niemand vor, diese grausamen Dinge nicht zu kritisieren. Und der Umkehrschluss – dann kann ich gleich diskriminierende Sprache verwenden, solange ich damit nur nette Dinge sage –, klappt auch nicht. Ich kann zwar mit neutraler, nüchterner Sprache Schreckliches sagen, ich kann aber nicht mit diskriminierender Sprache nicht diskriminieren. Auch Sprachaktivisten, die eine bestimmte Sprache propagieren, glauben übrigens nicht, dass damit das Problem gelöst ist.

STANDARD: *Bei sensibler Sprache ist oft von Denkverboten die Rede. Zu Recht?*

STEFANOWITSCH: Denken soll jeder, was er will. Es soll auch jeder reden, wie er will, aber jeder ist auch dafür verantwortlich. Entscheidet sich zum Beispiel ein Medium bewusst, „Flüchtlingswelle“ zu schreiben, weil man es für angemessen hält, bestimmte Gruppen herabzuwürdigen, dann weiß ich, woran ich bin. Sich aber zurückzulehnen und zu sagen: Wir brauchen nicht über Sprache nachzudenken – das ist zu wenig. Es gibt keine neutrale Sprache.

STANDARD: *Oft heißt es: Haben wir nichts Wichtigeres zu tun, als über gute und böse Begriffe zu sprechen?*

STEFANOWITSCH: Das ist ein beliebiges Argument – wir können immer Wichtigeres finden als das, was wir gerade tun. Das Reden über Sprache hindert ja niemanden daran, das Wichtigere auch zu tun, auf Bahnhöfen Wasser an Flüchtlinge zu verteilen. Wir sprechen von zehn bis 20 Wörtern – sie nicht mehr zu verwenden belastet niemanden, aber es wäre viel gewonnen.

(Der Standard vom 13.11.2015)

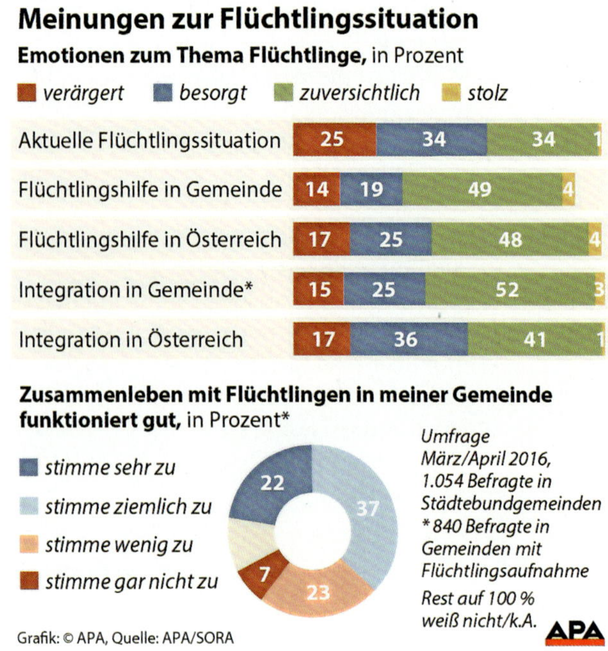

(Kleine Zeitung vom 28.08. 2016, S. 8)

Thomas Hödlmoser:

Schicksale

Am Beginn der Menschheitsgeschichte gab es kein Exil. Der Mensch war Jäger und Sammler und als solcher war er ständig auf Wanderschaft. Erst vor rund 10.000 Jahren, in der Jungsteinzeit, wurde der Mensch sesshaft. Große Wanderbewegungen gab es im Verlauf der Jahrtausende dennoch immer wieder. Bedeutend für die europäische Geschichte wurde die Völkerwanderung vom vierten bis zum sechsten nachchristlichen Jahrhundert. Damals drangen Germanenstämme, vom Osten kommend, nach West- und Südeuropa vor. Auslöser war der Vorstoß der Hunnen aus der Mongolei. Eine Folge der Massenwanderung war die Schwächung des Römischen Reichs, dessen Westhälfte im Jahr 476 unterging. In der Neuzeit, in der Ära des Kolonialismus, eroberten die Europäer die Welt, was eine massive Auswanderung aus Europa zur Folge hatte. Zudem wurden Millionen Sklaven von Afrika nach Amerika verfrachtet.

Adam und Eva im Exil

Das Exil ist eine Sonderform der Migration. Es ist der langfristige Aufenthalt außerhalb des Heimatlandes, das aufgrund von Verbannung, Ausbürgerung, Verfolgung durch den Staat oder wegen unerträglicher politischer Verhältnisse verlassen wurde. Der Exilant verlässt den Ort seines Großwerdens, den Platz seiner persönlichen Geschichte, den Ort, wenn man so will, der ihm seine Identität gab. Schon im Alten Testament beginnt alles mit einer Vertreibung – jener von Adam und Eva aus dem Garten Eden. [...]

Josef in Ägypten

Ein frühes Musterbeispiel eines Exilanten, der sich in der neuen Heimat bestens assimiliert, ist der biblische Josef in Ägypten. Der Sohn Jakobs, der von den Brüdern verkauft wird und der im ägyptischen Exil zum Vizekönig aufsteigt, vergisst dennoch nie das Land seiner Geburt, Kanaan. [...]

Salzburger in Georgia

Exil aus religiösen Gründen: Das suchten die Puritaner, die aus England in die USA, und die Hugenotten, die aus Frankreich in die Nachbarländer flüchteten. Leicht hatten es die Exilanten in der neuen Heimat nicht, wie ein Beispiel aus Salzburg zeigt: Erzbischof Leopold von Firmian verwies noch in den Jahren 1731 und 1732, als das Zeitalter der Aufklärung längst begonnen hatte, mehr als 20.000 Protestanten des Landes. Tausende Männer, Frauen, Kinder, Alte und Gebrechliche mussten bei Schnee und eisigen Temperaturen ihr Zuhause verlassen, ohne Aussicht auf Wiederkehr. Die Evangelischen, deren Vertreter beim Glaubensschwur in ein Salzfass griffen und deshalb „Salzlecker“ genannt wurden, fanden in Ostpreußen eine neue Heimat. Ein Teil wanderte nach Amerika aus. In Georgia gründeten Salzburger die Siedlung Neu-Ebenezer. [...]

Flucht vor den Nazis

Die Liste der Menschen, die nach der Machtübernahme der Nationalsozialisten in Deutschland bzw. Österreich ins Exil gingen, ist lang: Albert Einstein, Hannah Arendt, Sigmund Freud, Arnold Schönberg, Thomas Mann und Heinrich Mann, Egon Erwin Kisch, Erich Maria Remarque, Joseph Roth und viele mehr. Der spätere Bundeskanzler Bruno Kreisky ging nach Schweden ins Exil.

Freilich kämpften viele in der Fremde mit Orientierungslosigkeit und Existenzängsten – und auch mit Heimweh. Einer der Exilanten, Bertolt Brecht, drückte im Gedicht „Über die Bezeichnung Emigration" aus, was viele dachten: „Unruhig sitzen wir so, möglichst nahe den Grenzen, wartend des Tags der Rückkehr, jede kleinste Veränderung jenseits der Grenze beobachtend, jeden Ankömmling eifrig befragend, nichts vergessend und nichts aufgebend und auch verzeihend nichts, was geschah, nichts verzeihend."

Die deutsch-jüdische Dichterin Else Lasker-Schüler hielt ihre Gemütsverfassung in den Worten fest: „Ich streife heimatlos zusammen mit dem Wild, durch bleiche Zeiten träumend." […]

(Salzburger Nachrichten, 23.07.2016; Auszug)

Hans Christian Andersen: Das kleine Mädchen mit den Schwefelhölzern

Es war fürchterlich kalt; es schneite und begann dunkler Abend zu werden, es war der letzte Abend im Jahre, Neujahrsabend! In dieser Kälte und in dieser Finsternis ging ein kleines, armes Mädchen mit bloßem Kopfe und nackten Füßen auf der Straße. Sie hatte freilich Pantoffeln gehabt, als sie vom Hause wegging, aber was half das! Es waren sehr große Pantoffeln, ihre Mutter hatte sie zuletzt getragen, so groß waren sie, diese verlor die Kleine, als sie sich beeilte, über die Straße zu gelangen, indem zwei Wagen gewaltig schnell daher jagten. Der eine Pantoffel war nicht wieder zu finden und mit dem andern lief ein Knabe davon […].

Da ging nun das arme Mädchen auf den bloßen, kleinen Füßen, die ganz rot und blau vor Kälte waren. In einer alten Schürze hielt sie eine Menge Schwefelhölzer[1] und ein Bund trug sie in der Hand. Niemand hatte ihr während des ganzen Tages etwas abgekauft, niemand hatte ihr auch nur einen Dreier[2] geschenkt; hungrig und halberfroren schlich sie einher und sah sehr gedrückt aus […].

In einem Winkel zwischen zwei Häusern – das eine sprang etwas weiter in die Straße vor, als das andere – da setzte sie sich und kauerte sich zusammen. Die kleinen Füße hatte sie fest angezogen, aber es fror sie noch mehr, und sie wagte nicht nach Hause zu gehen, denn sie hatte ja keine Schwefelhölzer verkauft, nicht einen einzigen Dreier erhalten. Ihr Vater würde sie schlagen, und kalt war es daheim auch, sie hatten nur das Dach gerade über sich und da pfiff der Wind herein, obgleich Stroh und Lappen zwischen die größten Spalten gestopft waren. Ihre kleinen Hände waren vor Kälte fast ganz erstarrt. Ach! Ein Schwefelhölzchen könnte gewiss recht gut tun; wenn sie es nur wagen dürfte, eins aus dem Bunde herauszuziehen, es gegen die Wand zu streichen, und die Finger daran zu wärmen. Sie zog eins heraus, „Ritsch!" Wie sprühte es, wie brannte es! Es gab eine warme, helle Flamme, wie ein kleines Licht, als sie die Hand darum hielt, es war ein wunderbares Licht! Es kam dem kleinen Mädchen vor, als sitze sie vor einem großen eisernen Ofen […] das Feuer brannte ganz herrlich darin und wärmte schön! – Die Kleine streckte schon die Füße aus, um auch diese zu wärmen – da erlosch die Flamme, der Ofen verschwand – sie saß mit einem kleinen Stumpf des ausgebrannten Schwefelholzes in der Hand.

Ein neues wurde angestrichen, es brannte, es leuchtete, und wo der Schein desselben auf die Mauer fiel, wurde diese durchsichtig wie ein Flor[3]. Sie sah gerade in ein Zimmer hinein, wo der Tisch mit einem glänzend weißen Tischtuch und mit feinem Porzellan gedeckt stand, und herrlich dampfte eine mit Pflaumen und Äpfeln gefüllte, gebratene Gans darauf! Und was noch prächtiger war, die Gans sprang von der Schüssel herab, watschelte auf dem Fußboden hin mit Gabel und Messer im Rücken, gerade auf das arme Mädchen kam sie zu. Da erlosch das Schwefelholz, und nur die dicke, kalte Mauer war wieder zu sehen.

Sie zündete ein neues an. Da saß sie unter dem schönsten Weihnachtsbaume. Der war noch größer und aufgeputzter als der, welchen sie zu Weihnachten durch die Glastür bei dem reichen Kaufmanne erblickt hatte. Viel tausend Lichter brannten auf den grünen Zweigen […]. Die Kleine streckte die beiden Hände in die Höhe – da erlosch das Schwefelholz; die vielen Weihnachtslichter stiegen höher und immer höher, nun sah sie, dass es die klaren Sterne am Himmel waren […] Sie strich wieder ein Schwefelholz gegen die Mauer, es leuchtete ringsumher, und im Glanze desselben stand ihre alte Großmutter, mild und lieblich da.

„Großmutter!", rief die Kleine. „Nimm mich mit! Ich weiß, dass du auch gehst, wenn das Schwefelholz ausgeht; gleichwie der warme Ofen, der schöne Gänsebraten und der große, herrliche Weihnachtsbaum!" Sie strich eiligst den ganzen Rest der Schwefelhölzer, welche noch im Bunde waren, sie wollte die Großmutter recht festhalten; und die Schwefelhölzer leuchteten mit solchem Glanz, dass es heller war, als am lichten Tage. Die Großmutter war nie so schön, so groß gewesen; sie hob das kleine Mädchen auf ihren Arm, und in Glanz und Freude flogen sie in die Höhe, und da fühlte sie keine Kälte, keinen Hunger, keine Furcht.

Aber im Winkel am Hause saß in der kalten Morgenstunde das kleine Mädchen mit roten Wangen, mit lächelndem Munde – tot, erfroren am letzten Abend des alten Jahres. Der Neujahrsmorgen ging über die kleine Leiche auf, welche mit Schwefelhölzern da saß, wovon ein Bund fast verbrannt war.

Argumentieren

2.1 **Lesen Sie den Text „Wenn der ‚Ansturm' der ‚Asylanten' losbricht" von Gerald John. Benennen Sie die zentrale Streitfrage, um die es in diesem Text geht.**

2.2 **Lesen Sie den Text von Gerald John noch einmal genau und halten Sie in tabellarischer Form fest, welche Pro- und Kontra-Argumente im Text bezüglich der zentralen Streitfrage (Aufgabe 2.1) zur Sprache kommen.**

2.3 **Prüfen Sie gemeinsam in der Klasse, ob sich weitere Argumente in der zentralen Streitfrage (Aufgabe 2.1) finden lassen.**

W **Überzeugendes Argumentieren** umfasst folgende Schritte:

Schritt 1: Das Strittige einer Frage erkennen – Analyse der Ausgangsposition (im Text):
- Wofür/wogegen wird argumentiert?
- Auf welchen Voraussetzungen beruht die Position? Welche Konsequenzen ergeben sich?
- Welche anderen Sichtweisen auf das Problem sind möglich?
- Lässt sich das Problem bzw. die Argumentation auf eine zentrale Entscheidungsfrage reduzieren? Wie lautet diese?
- Welche konkreten Lösungsmöglichkeiten für ein Problem gibt es? Beachten Sie hierbei auch mögliche Kompromisse.

Schritt 2: Einen Standpunkt finden
- spontan die Meinung über ein Thema formulieren
- Standpunkt hinterfragen: Auf welchen Annahmen und Voraussetzungen basiert mein Standpunkt? Welche (persönlichen) Erfahrungen stützen meinen Standpunkt? Welche Gegenpositionen gibt es? Was spricht für diese Position(en)?
- die erste Meinung revidieren bzw. präzisieren und evtl. neu formulieren
- tragbare Kompromisslösungen formulieren

Schritt 3: Argumente finden und stützen
Argumente lassen sich finden, wenn die Fragestellung einer Begriffsanalyse unterzogen wird. Darüber hinaus kann man auch eigene Fragen an ein Thema stellen (und über mögliche Antworten zu Argumenten gelangen).
Um Argumente zu stützen, können Sie:
- nach (weiteren) Fakten zum Thema suchen (z. B. durch Internetrecherche)
- vergleichbare Fälle heranziehen
- auf Beispiele, Erfahrungen, Erlebnisse usw. (z. B. aus Ihrem persönlichen Umfeld) verweisen

Schritt 4: Argumentation planen und formulieren
- Argumente gewichten: Welche Argumente sind die wichtigsten? Warum? – Mögliche Kriterien: Reichweite des Arguments, Stellenwert des Arguments, Angreifbarkeit des Arguments, …
- Argumente ordnen: nach der Wichtigkeit, als Argumentationskette, dialektisch, konkretisierend, …
- Argumente formulieren: Sind meine Argumente verständlich? Sind sie logisch richtig an das Vorhergehende angebunden? Sind sie pointiert formuliert?
- evtl. Kompromissvorschläge zur Lösung einbringen

2.4 **Untersuchen Sie gemeinsam mit einem Partner/einer Partnerin die Argumente für und gegen die Notwendigkeit eines erhöhten Sprachbewusstseins im Text von Gerald John mit Hilfe der Hinweise in der Wissensbox zu den Begründungsverfahren. Nennen Sie das Begründungsverfahren, welches vorherrscht.**

vorherrschendes Begründungsverfahren: ____________________

W Eine **Argumentation** (bestehend aus These/Antithese, Argument und Beleg) kann in unterschiedlichen **Begründungsverfahren** zum Tragen kommen; man unterscheidet:

- Berufung auf Autoritäten: Die These wird durch den Hinweis darauf gestützt, dass ein/e weithin anerkannte/r Experte/in bzw. eine sonst wichtige Persönlichkeit nachweisbar ebenfalls die These vertritt.
- Berufung auf Fakten: Die These wird durch (nachweisbare) Fakten wie Forschungsergebnisse, Statistiken, feststehende Sachverhalte gestützt.
- Berufung auf Normen: Die These wird durch den Hinweis auf gesellschaftlich allgemein akzeptierte Wertmaßstäbe (= Normen) gestützt (z. B. die Zehn Gebote, die Menschenrechte).
- Berufung auf Erfahrungen: Die These wird durch den Hinweis auf (persönliche) Erfahrungen in vergleichbaren Fällen (bzw. desselben Falles z. B. in anderen Ländern) gestützt.
- Berufung auf analoge Fälle: Die These wird durch einen Vergleich mit einem Beispiel aus einem anderen Lebensbereich gestützt (z. B. „Wie man im Bereich X sieht, geht es einfach nicht ohne Y, also geht es auch bei uns im Bereich Z nicht ohne Y.“).
- logische Schlüsse: Die These wird aus Voraussetzungen (= Prämissen) logisch abgeleitet.
- indirekte Argumentation: Die These wird dadurch gestützt, dass die Antithese (gegenteilige Meinung) entkräftet wird.

2.5

Untersuchen Sie die folgende Argumentationskette. Ordnen Sie sie mit Hilfe der Hinweise in der Wissensbox unten einem Argumentationsverfahren zu und stellen Sie die Abfolge der Schritte explizit dar.

Ungenauer Umgang mit Sprache im politischen Diskurs über Asylsuchende ist problematisch, worauf Sprachwissenschafter immer wieder aufmerksam machen. Denn zum einen werden durch falsche Begriffswahl die durch die Begriffe bezeichneten Menschen verletzt und zum anderen sind ungenaue Begriffe manipulativ. Deshalb sollte jeder, der sich in dieser Frage zu Wort meldet, seine Worte genau abwägen.

Argumentationsverfahren: ______

Aufbau:

1. ______
2. ______
3. ______
4. ______
5. ______

W Eine Argumentation kann dabei unterschiedlich angeordnet sein; man spricht von **Argumentationsverfahren**:

Argumentationskette

In einer Argumentationskette wird eine streng logische Abfolge der Glieder eingehalten:

1. Ich denke, die These X ist falsch.
2. Wir sollten besser darüber nachdenken, wie …
3. Dies führt dann dazu, dass …
4. So können wir dann auch …
5. Wir haben deshalb so zu entscheiden, dass …

1 ↓ 2 ↓ 3 ↓ 4 ↓ 5

Dialektischer Aufbau

Bei einem dialektischen Aufbau werden zwei Standpunkte, die Berührungspunkte aufweisen, gegenübergestellt:

1. Ich denke, die These X ist bedenkenswert.
2. Allerdings hat die These auch zur Folge, dass …
3. Dagegen muss man aber auch sehen, dass …
4. Vergleicht man die beiden Standpunkte, dann …
5. Wir haben deshalb so zu entscheiden, dass …

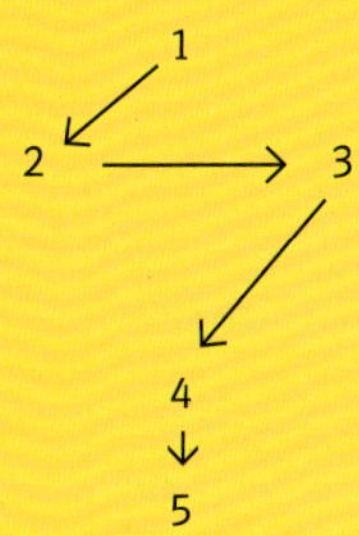

Konkretisierungsverfahren
Im Konkretisierungsverfahren wird eine allgemein herrschende Meinung eingegrenzt, was die Bestätigung der eigenen Meinung zur Folge hat:

1. Im Allgemeinen wird die Ansicht X vertreten.
2. Aus unserer Erfahrungen aber …
3. Denn erstens ist …
4. Und zweitens ist …
5. Wir haben folglich so zu entscheiden, dass …

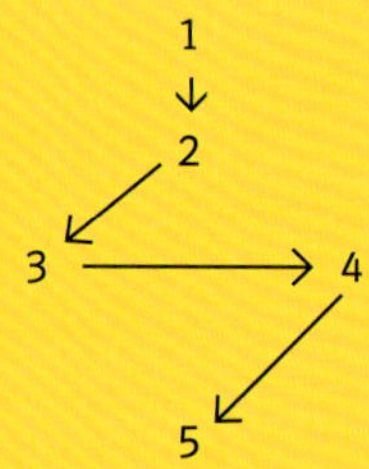

2.6 **Lesen Sie das Interview mit dem Sprachwissenschafter Anatol Stefanowitsch und ordnen Sie die folgenden „Argumente" einer in der Wissensbox genannten Manipulationstechnik zu.**

a „Was darf man heute überhaupt noch sagen?": ______

b „Sie legen mir mit Ihrer sensiblen Sprache ja ein Denkverbot auf!" ______

c „Haben wir nichts Wichtigeres zu tun, als über gute und böse Begriffe zu sprechen?" ______

______

2.7 **Stellen Sie mündlich dar, wie Stefanowitsch auf die Vorwürfe a. bis c. aus Aufgabe 2.6 reagiert.**

W Eine Argumentation kann auch unseriös geführt werden, man spricht dann von Manipulationstechniken:

- Ausweichtechnik: Die Argumente des Gegners/der Gegnerin werden ignoriert, man weicht auf ein anderes (Teil-)Problem aus, d. h. man verlagert die Diskussion.
- Dilemmatechnik: Eine Scheinalternative wird aufgestellt, bei der man so tut, als gäbe es keine Zwischenlösung.
- Unterstellungstechnik: Dem Gegner/der Gegnerin werden bestimmte (negative) Absichten unterstellt, d. h. man zieht aus der These des Gegners/der Gegnerin bewusst falsche Schlüsse.
- Übertreibungstechnik: Die Aussagen des Gegners/der Gegnerin werden bewusst übertrieben und so ins Absurde, Lächerliche, Fantastische usw. gezogen.
- Verwirrungstechnik: Durch komplizierte Unterscheidungen und bewusste Problemvermischungen wird die gegnerische Position vernebelt.
- Verdrehungstechnik: Man gibt den Aussagen des Gegners/der Gegnerin bewusst einen falschen Sinn.
- Verdrängungstechnik: Begründungen bzw. Argumente des Gegners/der Gegnerin werden ignoriert; die eigene Erwiderung beschränkt sich auf (unwichtige) Details.
- Behauptungstechnik: Man stellt Behauptungen auf, ohne sicher zu sein, dass sie auch stimmen oder – im schlimmsten Fall – von denen man weiß, dass sie nicht stimmen).

2.8 **Lesen Sie noch einmal den Text „Wenn der ‚Ansturm' der ‚Asylanten' losbricht" von Gerald John und weisen Sie nach, an welchen Textstellen deutlich wird, dass John selbst Sprachsensibilität für wichtig hält.**

2.9 **Diskutieren Sie in der Klasse:**

a Wird im öffentlichen Diskurs (Medien, Politik) über Migration und Flucht zu wenig Wert auf sensible Sprache gelegt? Nennen Sie nach Möglichkeit konkrete Beispiele.

b In welchen öffentlichen Diskursen wird Ihrer Meinung nach zu wenig Wert auf sensible Sprache gelegt? Begründen Sie Ihre Meinung.

Einen offenen Brief schreiben

2.10 **Lesen Sie zunächst die Wissensbox zum „Offenen Brief“. Halten Sie tabellarisch die formalen Unterschiede zwischen offenen Briefen einerseits und persönlichen und formellen Briefen andererseits fest. Übernehmen Sie dazu die Tabelle in Ihre Hefte und ergänzen Sie sie um die in der Wissensbox genannten Merkmale.**

	persönlicher Brief	formeller Brief	offener Brief
Ort/Datum	rechts oberhalb der Anrede		rechts oberhalb der Anrede (oder unter der Unterschrift)
eigene Adresse	nur auf dem Briefumschlag	links oben	oft nur auf dem Briefumschlag
Empfänger-Adresse			
…			

2.11 **Tauschen Sie sich mit Ihren Mitschülerinnen und Mitschülern aus: Haben Sie schon einmal einen offenen Brief gelesen? Aus welchem Anlass wurde er geschrieben? Welches Ziel wurde mit dem Brief verfolgt? In welchem Stil war der Brief gehalten?**

2.12 **Der folgende Anfang eines offenen Briefes an den Sprachwissenschafter Anatol Stefanowitsch, der im Internet einen Sprachblog betreibt, wurde nicht nur postalisch versandt, sondern auch als Blogbeitrag veröffentlicht. Lesen Sie den Brief und bewerten Sie zunächst seine äußere Gestaltung (Briefkopf und Anrede).**

Vera Tis
Hafenstraße 2a
4020 Linz

Herrn Univ.-Prof. Dr. phil. Anatol Stefanowitsch
Freie Universität Berlin
Habelschwerdter Allee 45
Raum JK 29/222
D-14195 Berlin

Linz, am 24. 02. 2017

Sehr geehrter Herr Professor Stefanowitsch!
Schon seit einiger Zeit verfolge ich Ihren Blog „Sprachlog“; außerdem habe ich unlängst das Interview des „Standard“ mit Ihnen gelesen, das auch der Grund für mein heutiges Schreiben darstellt.
Sie behaupten dort, das Wort „Obergrenze“ sei das neue „Das Boot ist voll“ und dass diese „Überfüllungsmetaphorik“, Ihre Worte, Herr Professor!, so tue, als ob das Erreichen der Obergrenze unmittelbar bevorstehe, und Sie sagen: „Wir müssen die Menge reduzieren.“ Im selben Interview sagen Sie auch: „Es gibt keine neutrale Sprache.“

Wenn es aber keine neutrale Sprache gibt, können Sie genauso wenig sachlich das Wort „Obergrenze“ kritisieren als Menschen sachlich über Grenzen der Einwanderung sprechen könnten. Das ist doch Unsinn! Schließlich muss beides möglich sein!
…

2.13 **Was könnte den Hochschullehrer Stefanowitsch an der Meinung eines ihm unbekannten Menschen interessieren? An welchen Stellen des Briefes muss dieses vermeintliche Interesse besonders berücksichtigt werden?**

2.14 **Bewerten Sie den eigentlichen Brieftext sprachlich: Welche Formulierungen entsprechen nicht der Textsorte (offener Brief) bzw. der Situation (Schreiben an einen Hochschulprofessor, der einem nicht persönlich bekannt ist)?**

2.15 **Überarbeiten Sie gemeinsam mit einer Partnerin/einem Partner, die von Ihnen in Aufgabe 2.14 sprachlich als mangelhaft erkannten Textstellen sprachlich. Arbeiten Sie in Ihrem Heft und tauschen Sie sich anschließend mit anderen Teams aus.**

2.16 **„Wenn es aber keine neutrale Sprache gibt, können Sie genauso wenig sachlich das Wort „Obergrenze" kritisieren als Menschen sachlich über Grenzen der Einwanderung sprechen könnten." – Wie stehen Sie zu dieser Aussage?**

a Halten Sie zunächst Ihren Standpunkt als These schriftlich fest.

b Diskutieren Sie anschließend Ihren Standpunkt mit Ihren Mitschülerinnen und Mitschülern.

W Entscheidendes Kennzeichen des **offenen Briefes** ist es, dass der Brief (auch in Form einer E-Mail) nicht nur dem Empfänger/der Empfängerin zugestellt, sondern zugleich auch (z. B. in einer Zeitung) veröffentlicht wird. Das bedeutet, dass man zumindest auch indirekt **für eine große Öffentlichkeit** schreibt. Durch die große Öffentlichkeit entsteht auf den Brief-Empfänger ein großer Druck, sich zum Brief ebenfalls öffentlich zu äußern. In der Regel wird man diesen öffentlichen Druck nur aufbauen, wenn man den Empfänger zu einem bestimmten Handeln verpflichten will (entweder zum Thema des offenen Briefes selbst oder darüber hinaus zu irgendeiner anderen Handlung).

Folgende formale Aspekte gilt es zu beachten:

	offener Brief
Ort/Datum	rechts oberhalb der Anrede (oder unter der Unterschrift)
eigene Adresse	oft nur auf dem Briefumschlag
Empfänger-Adresse	oft nur auf dem Briefumschlag und verkürzt im Brief
Empfänger-Adresse	je nach Fall
Betreffzeile	in der Regel persönlich, formell (also mit Titeln)
Anrede	standardsprachlich (auch fachsprachlich und/oder gehobene Sprache), höflich, sachlich
Sprache/Stil	„Mit freundlichen Grüßen" oder „Mit vorzüglicher Hochachtung"
Unterschrift	Vor- und Nachname (meist mit Titeln) des Schreibers und der (oft zahlreichen) Unterstützer

Beim Schreiben eines offenen Briefes können Sie so vorgehen:

Schritt 1: Ausgangstext erschließen (vgl. Kap. 1); Aufgabenstellung genau analysieren
Schritt 2: Brief planen – Achten Sie besonders auf:
- Briefanfang: Hier wird meist der Grund für das Schreiben erläutert.
- Briefende: Hier wird entweder eine wesentliche Aussage des Briefes wiederholt und/oder ein Appell formuliert.
- Gliederung: Oft wird in offenen Briefen zunächst der Sachverhalt dargestellt, dann die eigene Argumentation dargelegt.
- Sprache/Stil: gehobener Standard; halten Sie sich außerdem immer vor Augen, wem Sie schreiben sollen und welche Sprache der Situation angemessen ist.

Schritt 3: Schreiben des Briefes
Schritt 4: Überarbeiten des Briefes

Matura-Aufgaben

2.17

Hans Christian Andersen: *Das kleine Mädchen mit den Schwefelhölzern*

Verfassen Sie eine Zusammenfassung.

Lesen Sie das Kunstmärchen „Das kleine Mädchen mit den Schwefelhölzern" von Hans Christian Andersen (S. 15).

Verfassen Sie nun die **Zusammenfassung** und berücksichtigen Sie dabei die folgenden Arbeitsaufträge:
- Geben Sie die wesentlichen Erzählschritte des Kunstmärchens in verkürzter Form wieder.
- Nehmen Sie im Schlussteil Ihrer Zusammenfassung kurz zu der Frage Stellung, ob das Kunstmärchen einen Bezug zum Thema „Flucht" hat.

Schreiben Sie zwischen 270 und 330 Wörter. Markieren Sie Absätze mittels Leerzeilen.

2.18

Thomas Hödlmoser: *Schicksale*
Diagramm: *Umfrage zur Flüchtlingssituation in Österreich*

Verfassen Sie einen offenen Brief.

Situation: Sie sind in der Schule während der Pause mehrfach Zeuge geworden, wie sich manche Ihrer Mitschülerinnen und Mitschüler diskriminierend und stellenweise sogar beleidigend über Ausländerinnen und Ausländer im Allgemeinen und Flüchtlinge im Besonderen geäußert haben. Aufgrund dieser negativen Erfahrungen möchten Sie in der Schulzeitung Ihrer Schule einen offenen Brief verfassen, in dem Sie zu einem vorurteilsfreien Umgang mit Fremden aufrufen.

Lesen Sie den Sachtext „Schicksale" von Thomas Hödlmoser (S. 14 f.) und das Diagramm „Meinungen zur Flüchtlingssituation in Österreich" (S. 14).

Verfassen Sie nun den **offenen Brief** und berücksichtigen Sie dabei die folgenden Arbeitsaufträge:
- Schildern Sie kurz den Anlass, der Sie bewogen hat, sich mit einem offenen Brief an Ihre Mitschülerinnen und Mitschüler zu wenden.
- Stellen Sie die Bedeutung und Komplexität der Flucht-Problematik dar, und machen Sie deutlich, welche Haltung die Mehrheit der Österreicherinnen und Österreicher gegenüber Flüchtlingen hat.
- Begründen Sie Ihre Forderung nach einem vorurteilsfreien Umgang mit Fremden.
- Beziehen Sie eigene Erfahrungen bzw. eigenes Wissen in Ihr Schreiben mit ein.

Schreiben Sie zwischen 540 und 660 Wörter. Markieren Sie Absätze mittels Leerzeilen.

d676he

SPRACHRAUM 3

Unterwegs und zuhause

Am Beginn der abendländischen Literatur steht ein Reisebericht, nämlich Homers „Odyssee". Bis heute ist das Reisen ein beliebtes Thema, das Anlass zu Berichten, literarischen Texten, Kritik und Satire bietet.

Kurt Tucholsky: Die Kunst, falsch zu reisen

Wenn du reisen willst, verlange von der Gegend, in die du reist, alles: schöne Natur, den Komfort der Großstadt, kunstgeschichtliche Altertümer, billige Preise, Meer, Gebirge […]. Ist das nicht vorhanden, dann schimpfe.
Wenn du reist, nimm um Gottes willen keine Rücksicht auf deine Mitreisenden – sie legen es dir als Schwäche aus. Du hast bezahlt – die andern fahren alle umsonst. Bedenke, dass es von ungeheurer Wichtigkeit ist, ob du einen Fensterplatz hast oder nicht; dass im Nichtraucher-Abteil einer raucht, muss sofort und in den schärfsten Ausdrücken gerügt werden – ist der Schaffner nicht da, dann vertritt ihn einstweilen und sei Polizei, Staat und Rächer in einem. Das verschönt die Reise. Sei überhaupt unliebenswürdig – daran erkennt man den Mann. […] Bist du im Hotel angekommen, so schreib deinen Namen mit allen Titeln ein ... Hast du keinen Titel ... Verzeihung ... ich meine: wenn einer keinen Titel hat, dann erfinde er sich einen. Schreib nicht: ›Kaufmann‹, schreib: ›Generaldirektor‹. Das hebt sehr. Geh sodann unter heftigem Türenschlagen in dein Zimmer, gib um Gottes willen dem Stubenmädchen, von dem du ein paar Kleinigkeiten extra verlangst, kein Trinkgeld, das verdirbt das Volk; reinige deine staubigen Stiefel mit dem Handtuch, wirf ein Glas entzwei (sag es aber keinem, der Hotelier hat so viele Gläser!), und begib dich sodann auf die Wanderung durch die fremde Stadt.
In der fremden Stadt musst du zuerst einmal alles genauso haben wollen, wie es bei dir zu Hause ist – hat die Stadt das nicht, dann taugt sie nichts. […] Bei Spaziergängen durch fremde Städte trägt man am besten kurze Gebirgshosen, einen kleinen grünen Hut (mit Rasierpinsel), schwere Nagelschuhe (für Museen sehr geeignet), und einen derben Stock. Wenn deine Frau vor Müdigkeit umfällt, ist der richtige Augenblick gekommen, auf einen Aussichtsturm oder auf das Rathaus zu steigen; wenn man schon mal in der Fremde ist, muss man alles mitnehmen, was sie einem bietet. Verschwimmen dir zum Schluss die Einzelheiten vor Augen, so kannst du voller Stolz sagen: ich hab's geschafft. […].
Vergiss dabei nie die Hauptregel jeder gesunden Reise: Ärgere dich! Sprich mit deiner Frau nur von den Sorgen des Alltags. Koch noch einmal allen Kummer auf, den du zu Hause im Büro gehabt hast […].
Durcheile die fremden Städte und Dörfer – wenn dir die Zunge nicht heraushängt, hast du falsch disponiert; außerdem ist der Zug, den du noch erreichen musst, wichtiger als eine stille Abendstunde. Stille Abendstunden sind Mumpitz; dazu reist man nicht.
Auf der Reise muss alles etwas besser sein, als du es zu Hause hast. Schieb dem Kellner die nicht gut eingekühlte Flasche Wein mit einer Miene zurück, in der geschrieben steht: „Wenn mir mein Haushofmeister den Wein so aus dem Keller bringt, ist er entlassen!" Mit den lächerlichen Einheimischen sprich auf alle Fälle gleich von Politik, Religion und dem Krieg. Halte mit deiner Meinung nicht hinterm Berg, sag alles frei heraus! Immer gib ihm! Sprich laut, damit man dich hört – viele fremde Völker sind ohnehin schwerhörig. Wenn du dich amüsierst, dann lach, aber so laut, dass sich die andern ärgern, die in ihrer Dummheit nicht wissen, worüber du lachst. Sprichst du fremde Sprachen nicht sehr gut, dann schrei: man versteht dich dann besser. […].

Robert Walser: Der verlorene Sohn

Wenn ein Landedelmann nicht zwei Söhne gehabt hätte, die glücklicherweise vollständig voneinander abstachen, so würde eine lehrreiche Geschichte unmöglich haben zustande kommen können, nämlich die Geschichte vom verlornen Sohn, die mitteilt, dass der eine von den beiden verschiedenartigen Söhnen sich durch Leichtlebigkeit auszeichnete, während der andere durch denkbar soliden Lebenswandel hervorragte.
Wo der eine frühzeitig sozusagen die Offensive ergriff und in die Welt hinaus marschierte, blieb der andere säuberlich daheim und verharrte mithin so zäh wie möglich gewissermaßen im Zustand abwartender Verteidigung. Wo wieder Ersterer gleichsam im Ausland herumvagabundierte, lungerte wieder Letzterer scheinbar höchst ehrbar gleichsam ums Haus herum.
Während der Erste artig ausriss und hübsch eilig auf und davonrannte, hielt sich der Zweite beständig erstaunlich brav an Ort und Stelle auf und erfüllte mit unglaublicher Regelmäßigkeit seine täglichen Obliegenheiten. Während wieder der eine weiter nichts Besseres zu tun hatte, als abzudampfen und fortzugondeln, wusste leider wieder der andere weiter nichts Gescheiteres anzufangen, als mitunter vor lauter Tüchtigkeit, Ordentlichkeit, Artigkeit und Nützlichkeit schier umzukommen.

Als der entlaufene oder verlorene Sohn, dem die Geschichte ihren Titel verdankt, nach und nach merkte, dass es mit seinen Aktien in der Tat verhältnismäßig recht, sehr übel stehe, trat er den Rückzug an, was zweifellos ziemlich vernünftig von ihm war. Der Daheimgebliebene würde auch ganz gerne einmal den Rückzug angetreten haben, das Vergnügen war ihm aber durchaus nicht gegönnt, und zwar ganz einfach vermutlich deshalb nicht, weil er nicht fortgegangen war, wie bereits bekannt ist.

Wenn vermutet werden darf, der Fortgelaufene habe das Fortlaufen ernstlich bereut, so wird nicht weniger vermutet oder angenommen werden dürfen, dass der Daheimgebliebene sein Daheimbleiben tiefer bereute, als er dachte. Wenn der verlorne Sohn innig wünschte, dass er lieber nie verloren gegangen wäre, so wünschte seinerseits der andere, nämlich der, der niemals weggegangen war, durchaus nicht weniger innig oder vielleicht noch inniger, dass er doch lieber nicht beständig zu Hause geblieben, sondern lieber tüchtig fortgelaufen und verloren gegangen wäre, oder er sich auch ganz gerne einmal gehörig würde haben heimfinden wollen.

Da der verlorene Sohn, nachdem er längst verloren geglaubt worden war, Abbild vollkommener Herabgekommenheit, zerlumpt und abgezehrt, eines Abends plötzlich frisch wieder auftauchte, stand gewissermaßen Totes wieder lebendig auf, weshalb ihm alle Liebe naturgemäß wie wild entgegenstürzte.

Der wackere Zuhausegebliebene hätte auch ganz gern einmal tüchtig tot und hernach wieder tüchtig lebendig sein mögen, um erleben zu dürfen, dass ihm alle Liebe naturgemäß wie wild entgegenkäme.

Die Freude über das unerwartete Wiederfinden und das Entzücken über ein so schönes und ernstes Ereignis zündeten und loderten hell und hoch wie eine Feuersbrunst im Haus herum, dessen Bewohner, Knechte, Mägde sich fast wie in den Himmel gehoben fühlten. Der Heimgekehrte lag der Länge nach am Boden, von wo ihn der Vater aufgehoben haben würde, wenn er die Kraft dazu gehabt hätte. Der alte Mann weinte so sehr und war so schwach, dass man ihn stützen musste. Selige Tränen. In allen Augen war ein Schimmer, in allen Stimmen ein Zittern. Von so mannigfaltigem Anteil, so aufrichtig liebendem Verstehen und Verzeihen umflossen, musste der Fehlbare beinahe wie heilig erklärt erscheinen. Schuldig sein hieß zu solch schöner Stunde nichts anderes als liebenswürdig sein. Alles redete, lächelte, winkte hier und dort dicht durcheinander, derart, dass nur glückliche, zugleich aber auch nur ernste Worte zu hören sein konnten. Bei der fröhlichen Begebenheit blieb nicht das Mindeste unbelichtet, da bis in das Hinterste geringer schwacher Abglanz vom allgemeinen Glanze und kleine Lichter vom großen Lichte drangen.

Irgendwelchem Zweifel kann kaum unterliegen, dass ein gewisser anderer auch ganz gern einmal Gegenstand so großer Freude gewesen wäre: Der sich sein Lebtag nie etwas hatte zuschulden kommen lassen, würde auch ganz gern einmal schuldig gewesen sein. Der immer einen anständigen Rock getragen hatte, würde auch ganz gern einmal recht zerlumpt und abgerissen ausgesehen haben. Sehr wahrscheinlich würde er auch ganz gern einmal der Länge nach in Mitleid erregenden Fetzen am Boden gelegen sein, von wo ihn der Vater würde haben aufheben wollen. Der nie Fehler begangen hatte, würde vielleicht auch ganz gern einmal armer Sünder gewesen sein. Unter so holden Umständen verlorener Sohn zu sein, war ja geradezu ein Genuss, doch der Genuss blieb ihm ein für alle Mal versagt.

Inmitten allseitiger Zufriedenheit und Vergnügtheit blieb niemand missvergnügt und übelgelaunt als doch hoffentlich nicht er? Jawohl! Inmitten gemeinschaftlicher Fröhlichkeit und Geneigtheit blieb niemand ungefreut und abgeneigt als doch hoffentlich nicht er? Jawohl! Was aus den übrigen Personen geworden ist, weiß ich nicht. Sehr wahrscheinlich sind sie sanft gestorben. Der wunderliche Unzufriedene hingegen lebt noch. Neulich war er nämlich bei mir, um sich mir murmelnd und brummelnd als ein Mensch vorzustellen, der verlegen sei, weil er mit der Geschichte vom verlornen Sohn zusammenhänge, von welcher er auf das Lebhafteste wünschen müsse, dass sie lieber nie geschrieben worden wäre. Auf die Frage, die ich an ihn richtete, wie man dies zu verstehen habe, antwortete er, dass er jener Daheimgebliebene sei.

Ich wunderte mich über des sonderbaren Kauzes Unbehagen keine Sekunde lang. Für seine Verdrießlichkeit besaß ich uneingeschränktes Verständnis. Dass die Geschichte vom verlornen Sohn, worin er eine wenig empfehlenswerte Rolle spielte, eine angenehme und erbauliche Geschichte wäre, hielt ich für unmöglich. Vielmehr war ich in jeder Hinsicht vom Gegenteil überzeugt.

WIE WEIT KOMMT MAN MIT EINEM KILO CO_2?

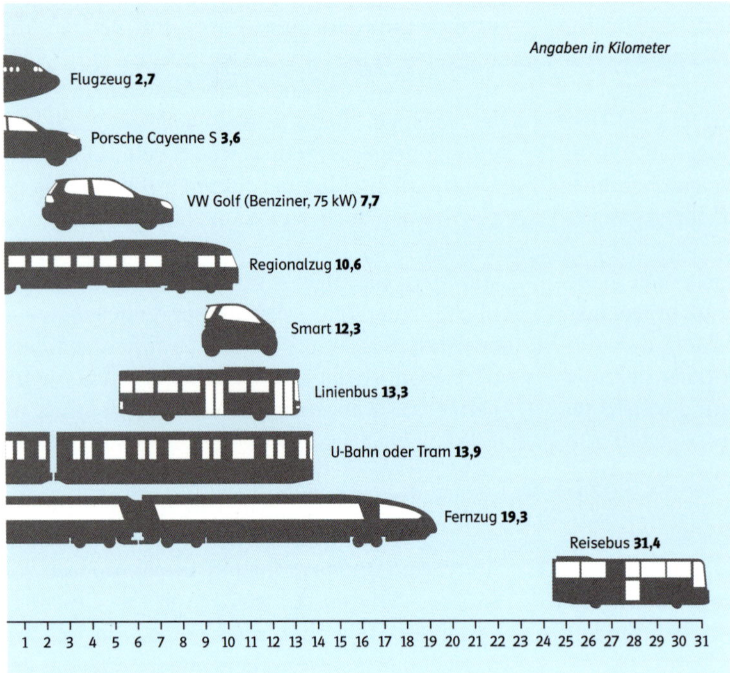

Andrea Sailer: 14 Tage Griechenland

Gesoffen haben wir jede Nacht
Gesoffen wie die Schweine
Getanzt bis zum Umfallen
Gekotzt auch ab und an
Und Weiber hat' s gegeben, erstklassig!
Abend für Abend in die Disco
Und gesungen, was das Zeug hält
Party bis zum Abwinken
Showtime bis zur Sperrstunde [...]
Tagsüber dann mal so richtig
ausgeschlafen
Gefaulenzt, einmal gar nix getan
Richtig Urlaub gemacht eben Urlaub in
Griechenland
Die Akropolis
Können wir uns in ein paar Jahren
Ja immer noch anschauen
Und das Meer
Sieht man irgendwann sowieso

MASSENTOURISMUS

Gottfried Benn: Reisen

Meinen Sie Zürich zum Beispiel
sei eine tiefere Stadt,
wo man Wunder und Weihen
immer als Inhalt hat?

Meinen Sie, aus Habana,
weiß und hibiskusrot,
bräche ein ewiges Manna
für Ihre Wüstennot?

Bahnhofstraßen und Rueen,
Boulevards, Lidos, Laan –
selbst auf den Fifth Avenueen
fällt Sie die Leere an –

ach, vergeblich das Fahren!
Spät erst erfahren Sie sich:
bleiben und stille bewahren
das sich umgrenzende Ich.

Sprache und Stil von Texten untersuchen und beschreiben

3.1 **Lesen Sie den 1929 in einer Zeitschrift erschienenen Text „Die Kunst, falsch zu reisen" von Kurt Tucholsky.**

a Weisen Sie am Text verschiedene stilistische Mittel der Satire nach.

b Leiten Sie aus den Negativbeschreibungen Regeln für das richtige Reisen ab und formulieren Sie einen nichtsatirischen Paralleltext: „Die Kunst, richtig zu reisen"

c Welche Erfahrungen mit „guten" und „schlechten" Touristen und Touristinnen im In- und im Ausland haben Sie? Tauschen Sie sich mit Ihren Mitschülerinnen und Mitschülern aus.

3.2 **Lesen Sie den Text „Der verlorene Sohn“ von Robert Walser und beschreiben Sie, was an den folgenden Wortgruppen aus den beiden ersten Absätzen (Z. 1-15) des Textes auffällig ist.**

Wortgruppe 1	Wortgruppe 2	Wortgruppe 3	Wortgruppe 4
glücklicherweise – sozusagen – gewissermaßen – gleichsam (2 x) – scheinbar	der eine (2 x) / der andere (2 x) – Offensive / Verteidigung – Ersterer / Letzterer – Ausland / Haus	marschierte – herumvagabundierte	verharrte – abwartender – lungerte … herum

a Übernehmen Sie die Tabelle in Ihr Heft und ergänzen Sie sie um weitere Beispiele aus den nächsten drei Absätzen (Z. 16-48).

b Beschreiben Sie mit Hilfe der Wissensbox auf Seite 26 Auffälligkeiten auf der Wortebene im ersten Textteil (Absätze 1 bis 5). Geben Sie Beispiele aus dem Text an.

c Beschreiben Sie mit Hilfe der Wissensbox Auffälligkeiten auf der Satzebene im zweiten Textteil (ab dem 6. Absatz). Geben Sie Beispiele aus dem Text an.

d Gibt es auffällige Stilvarianten? Belegen Sie Ihre Einschätzung durch Beispiele aus dem Text.

3.3 **Untersuchen Sie nun die Sprache des Tucholsky-Textes auf Auffälligkeiten. Nutzen Sie wiederum die Wissensbox. Halten Sie stichwortartig Ihre Ergebnisse (nur die Auffälligkeiten) mit entsprechenden Beispielen fest.**

3.4 **Vergleichen Sie den Stil des Tucholsky-Textes mit den beiden folgenden Texten und beschreiben Sie alle drei Texte mit Hilfe des Vokabulars in der Wissensbox.**

a Gibt es auffällige Stilvarianten?

b Welchen Funktionalstilen (alltagssprachlicher, publizistischer, fachsprachlicher oder künstlerischer Stil) können die Texte jeweils zugeordnet werden? Belegen Sie Ihre Einschätzung jeweils am Text.

Text A

Ihr Traum-Hotel an der Costa Dorada

Unser Hotel „Espana“ liegt direkt an jener traumhaften Mittelmeerküste, die seit vielen Jahren Millionen von Besuchern anzieht. Direkt zwischen Strand und dem kleinen Ferienort Calafell gelegen bietet das 2005 komplett renovierte Haus mit seinen 194 Zimmern eine familiäre Atmosphäre.

Das verkehrsgünstig gelegene Hotel verfügt über einen Salon mit Bar, eine Cafeteria, ein klimatisiertes Nichtraucher-Restaurant sowie einen über 2000 qm großen Garten mit einem Süßwasserpool (mit separatem Kinderbecken) im windgeschützten Bereich, einem Spielplatz sowie einer Snackbar.

Die Rezeption ist 24 Stunden besetzt.

Calafell liegt ca. 60 km südlich von Barcelona und ca. 30 km nördlich von Salou und ist gut per Autobahn zu erreichen. So ist Calafell der ideale Ausflugsort für alle, die die schönsten Ecken des herrlichen Landstrichs erkunden möchten.

Text B

Auszug aus einer Jugendherbergs-Hausordnung

Sollte durch das Rauchen auf den Zimmern bzw. in den Etagen sowie durch die mutwillige Betätigung der vorhandenen Brandmelder Feueralarm ausgelöst werden, so haftet die jeweilige verantwortliche Person und hat die daraus resultierenden Kosten eines Feuerwehreinsatzes zu tragen.

W Um die **Sprache eines** (literarischen) **Textes zu untersuchen**, beschreibt man am besten zunächst Auffälligkeiten auf der Wort- und Satzebene:

- Auf der **Wortebene** lassen sich folgende Fragen stellen:
  - Werden bestimmte Wortarten (vor allem Nomen und Adjektive) auffällig häufig verwendet?
  - Gibt es auffällige Verbformen (Partizipien, Konjunktiv, Imperativ, Passiv, Tempuswechsel)?
  - Lässt sich der Wortschatz bestimmten Bedeutungsbereichen zuordnen (Wortfamilien, Wortfelder, Bildbereiche)?
  - Gibt es auffällige Wortbeziehungen (Wortwiederholungen, Synonyme, Antonyme/Gegensatzbegriffe, Ober- bzw. Unterbegriffe)?
  - Ist die Wortwahl charakteristisch für eine bestimmte Sprachvarietät (Alltagssprache, Jugendsprache, Dialekte, Werbesprache usw.)?
  - Welche anderen Besonderheiten gibt es (z. B. Neologismen/Wortneuschöpfungen, häufige Nominalisierungen, viele Komposita, typische Wortbildungsmuster, Sprachspiele usw.)?

- Auf der **Satzebene** lassen sich folgende Fragen stellen:
  - Ist der Satzbau eher komplex (und lang) oder eher reihend (und kurz)?
  - Gibt es auffällig viele Attribute und/oder adverbiale Bestimmungen?
  - Ist die Anordnung der Satzglieder und Gliedsätze ungewöhnlich?
  - Wiederholen sich bestimmte Satzbaumuster auffällig oft?
  - Gibt es auffällige rhetorische Figuren (z. B. Inversion, Parallelismus oder Ellipse)?

Aus der sprachlichen Untersuchung eines Textes lassen sich oft bereits stilistische Auffälligkeiten („Stil“ leitet sich vom lateinischen Wort stilus „Schreibstift“ ab und bedeutet heute „die Art zu schreiben bzw. zu sprechen“) benennen. Man spricht auch von Stilvarianten:

- Auf der Wortebene unterscheidet man verschiedene **Stilebenen**:
  - stilistisch gehoben: Antlitz, entschlafen, Haupt, ruhen
  - stilistisch neutral: Gesicht, sterben, Kopf, schlafen
  - umgangssprachlich bis vulgär: Fresse/Gfrieß, abkratzen/verrecken, Birne/Rübe, pennen

- Auf der Ebene von Wortgruppen unterscheidet man:
  - **Nominalstil:** häufige Nominalisierungen (z. B. „Die Zustimmung der Beteiligten vorausgesetzt …“ statt: „Wenn die Beteiligten zustimmen …“); mehrteilige Komposita („Schlichtungsdurchführungsverordnung“); mehrteilige Attribute („Beschluss über die Durchführung der Abfindung der Beteiligten einer Schlichtung“) – Gegenteil: **Verbalstil**
  - **metaphorischer Stil:** häufige Verwendung von Metaphern („Zugang zur Welt“, „Lebenskampf“) und Vergleichen („er zitterte wie Espenlaub“) sowie allgemein von treffenden und anschaulichen Formulierungen – Gegenteil: **begrifflicher oder sachlicher Stil**

- Auf der Satzebene unterscheidet man:
  - **parataktischer** (reihender) **Stil:** überwiegend und meist kurze Hauptsätze
  - **hypotaktischer Stil:** überwiegend komplexe Satzstrukturen mit vielen Gliedsätzen, Einschüben, Nachstellungen und Parenthesen

Achtung: Diese Stilvarianten schließen sich untereinander nicht aus, so kann ein Text z. B. im Nominalstil auch hypotaktische Elemente aufweisen.

Neben den Stilvarianten lassen sich außerdem so genannte Funktionalstile unterscheiden.
Unter einem Funktionalstil versteht man eine spezielle Sprachverwendung, wie sie in einem bestimmten Funktionsbereich der Sprache vorkommt. Man unterscheidet:

- alltagssprachlicher Stil, wie er in alltäglichen Kommunikationssituationen verwendet wird; wichtige Kennzeichen sind: Vermeidung gehobener Ausdrücke, Verwendung umgangssprachlicher Ausdrücke, häufige Satzreihen, dialektale Einflüsse, elliptische Sätze (= Sätze, denen ein Satzglied fehlt), sprachliche Verschleifungen bzw. Kürzungen (z. B. „nen“ statt „einen“)

- publizistischer Stil, wie er in den Medien und der Politik verwendet wird; wichtigstes Kennzeichen ist: Verwendung der Standardsprache (keine umgangssprachlichen Ausdrücke, keine dialektalen Einflüsse)

- fachsprachlicher Stil, wie er in der Wissenschaft, der Wirtschaft, Verwaltung usw. verwendet wird; Verwendung von Fachwortschatz, eher komplexer Satzbau, Attributhäufungen (z. B. „die angestrebte Verordnung über die Neugestaltung der Buchausleihe“), Verwendung von Nominalisierungen und Komposita (= Wortzusammensetzungen)

- **künstlerischer Stil**, wie er in der Literatur (Belletristik) verwendet wird; wichtige Kennzeichen sind: standard- und nicht standardsprachliche Elemente (auch bewusste Abweichungen von den Regeln) werden vermischt, bildhafte und anschauliche Sprache, Wortneuschöpfungen

Zur stilistischen Beschreibung von Texten werden darüber hinaus oft Vergleiche zu besonderen Sprachverwendungen gezogen, z. B.: altertümlicher Stil (Verwendung veraltender Ausdrücke bzw. Wortformen), Beamtenstil, jugendsprachlicher oder biblischer Stil.

Einen sprachlichen und stilistischen Sonderfall stellt das satirische Schreiben dar. **Satiren** sind nicht auf eine Textsorte festgelegt, sondern können in allen Gattungen vorkommen. In Satiren wird immer Kritik an einer Person, einer Sache, einem Vorgang oder an einem Ereignis geäußert. Der Autor oder die Autorin möchte dabei den Leser/die Leserin auf seine Seite ziehen. Damit der Leser/die Leserin die Kritikwürdigkeit einer Sache erkennt, wird die Darstellung dieser Sache möglichst scharf von einem (vorgestellten) Idealzustand abgehoben, d. h. es wird gezeigt, wie sehr sich eine Sache in der Wirklichkeit vom wünschenswerten Idealzustand entfernt hat. Um diesen Kontrast zwischen Wirklichkeit und Idealzustand zu verdeutlichen, werden verschiedene **Stilmittel (rhetorische Figuren)** eingesetzt; die wichtigsten Mittel sind:

- Gegenüberstellungen (Vergleiche, Antithesen)
- Parodie (= verspottende Nachahmung)
- Ironie (= Darstellung eines Sachverhalts durch die Behauptung des Gegenteils)
- Karikatur (= verzerrende Darstellung)
- Übertreibung/Untertreibung

3.5 **Lesen Sie das Gedicht „14 Tage Griechenland“ von Andrea Sailer. Weisen Sie an dem Gedicht sowohl Elemente eines alltagssprachlichen als auch Elemente eines künstlerischen Stils nach.**

3.6 **Die folgenden Ausdrücke bzw. Textauszüge stammen alle aus dem Text „Der verlorene Sohn“. Ordnen Sie diesen Ausdrücken bzw. Textauszügen eine rhetorische Figur zu (in einem Fall ist eine doppelte Zuordnung möglich). Orientieren Sie sich an der Wissensbox auf Seite 28 f.**

a Wo wieder Ersterer … herumvagabundierte, lungerte wieder Letzterer … herum.

b In allen Augen war ein Schimmer, in allen Stimmen ein Zittern.

c Selige Tränen.

d Alles redete, lächelte, winkte hier und dort

e eine offenbar weniger empfehlenswerte Rolle

f Verdrießlichkeit (statt „Wut, Zorn“)

g vor lauter Tüchtigkeit, Ordentlichkeit, Artigkeit und Nützlichkeit schier umzukommen

h hell und hoch wie eine Feuersbrunst

i Die Freude … und das Entzücken zündeten und loderten

j und dort dicht durcheinander

k Der sich sein Lebtag nie etwas hatte zuschulden kommen lassen, … Der immer einen anständigen Rock getragen hatte, … Der nie Fehler begangen hatte, …

l Inmitten … blieb niemand missvergnügt und übelgelaunt als doch hoffentlich nicht er?

3.7 **Lesen Sie das Gedicht „Reisen“ von Gottfried Benn und noch einmal das Gedicht „14 Tage Griechenland“. Untersuchen Sie beide Gedichte auf die in ihnen enthaltenen rhetorischen Figuren.**

W Mit dem Begriff **„rhetorische Figur"** (rhetorisch kommt vom griech. Wort für „Redner") bezeichnet man besondere Sprachverwendungsweisen, die schon in der Antike bekannt waren und seither immer wieder verwendet wurden. Man unterscheidet unter anderem

Sprachliche Bilder

Allegorie	vom griech. Verb für „etwas anders ausdrücken": konkrete Darstellung abstrakter Begriffe	*Gott Amor (für „Liebe"), Justitia (für „Gerechtigkeit")*
Metapher	vom griech. Verb für „übertragen": Verbindung zweier Bedeutungsbereiche	*der Liebe Glut, Redefluss, des Mondes Silber*
Metonymie	vom griech. Verb für „anders nennen": ein Wort wird durch ein anderes ersetzt, das zu ihm in enger Beziehung steht	*einen Diesel fahren, ein Gläschen trinken, das Weiße Haus hat entschieden*
Personifikation	Vermenschlichung, d. h. Dingen werden menschliche Eigenschaften oder Handlungen zugesprochen	*die Gräser tanzen im Wind, „Noch träumen Wald und Wiesen"*
Vergleich	verknüpft zwei Bedeutungsbereiche durch eine gemeinsame Eigenschaft	*er kämpft wie ein Löwe, wie ein Fels in der Brandung*

Wortfiguren

Euphemismus	beschönigende Beschreibung	*Freund Hein (statt „Tod")*
Hyperbel	Übertreibung, Steigerung des Ausdrucks	*hundertzwanzigprozentig*
Litotes	Untertreibung	*nicht ganz schlecht (für „sehr gut")*
Neologismus	Wortneuschöpfung	*Literaturpapst, Gutmensch*
Pleonasmus	vom griech. Wort für „Überfluss": Wiederholung eines charakteristischen semantischen Merkmals des Bezugsworts	*runde Kugel, hörbare Musik, schwarzer Rabe, alter Greis, nasser Regen*
Tautologie	Wiederholung eines Begriffs bzw. Ersetzung durch ein sinnverwandtes Wort	*Geschäft ist Geschäft, voll und ganz, nie und nimmer*

Satzfiguren

Chiasmus	nach der Form des griechischen Buchstabens „X (= Chi)": Überkreuzstellung von Sinneinheiten	*Ich liebe das Meer, das Meer liebe ich.*
Ellipse	Auslassung des Unwichtigen, zugleich ein grammatisch unvollständiger Satz	*„Von der Menschheit nur ein Stück!", „Todesstille fürchterlich"*
Inversion	Umkehrung der syntaktisch unmarkierten („normalen") Wortstellung im Satz	*„Der Schultern warmer Schnee wird werden kalter Sand"*
Parallelismus	Wiederholung gleicher Satzbaumuster	*„Das Wasser rauscht, das Wasser schwoll …"*
Zeugma	Sonderform der Ellipse, bei der ein Verb zwei Fügungen zugeordnet wird	*Er warf die Nudeln in den Topf und einen Blick aus dem Fenster.*

Gedankenfiguren

Antithese	Entgegenstellung von Gedanken und Begriffen	*„Nicht du / um der Liebe willen / sondern / um deinetwillen / die Liebe"*
Klimax	Steigerung (meist dreigliedrig)	*„Veni, vidi, vici" (Ich kam, sah und siegte.)*
Oxymoron	Verbindung von zwei sich widersprechenden Begriffen	*junger Greis, beredtes Schweigen, jauchzender Schmerz*
rhetorische Frage	Frage, die auf keine Antwort zielt bzw. bei der die Antwort bekannt ist	*Spreche ich eigentlich Chinesisch? Und das soll ich glauben?*

Sprachliche Bilder

Alliteration	Wiederholung des Anfangslautes	*auf Biegen und Brechen, Fischers Fritze fischt frische Fische*
Anapher	Wiederholung eines Wortes oder einer Wortgruppe am Vers- oder Satzanfang	*„Dieses Suchen und dies Finden, / Dieses Denken und Empfinden“*
Onomatopoesie	Lautmalerei, schallnachahmende Wörter oder Fügungen	*Kuckuck, quaken, wauwau, quietschen*

Die sprachliche und stilistische Beschreibung eines Textes ist in der Regel natürlich kein Selbstzweck. Vielmehr geht es darum, einen Zusammenhang zwischen dem Inhalt und der sprachlichen Gestaltung eines Textes herzustellen. Dazu gibt es grundsätzlich zwei Möglichkeiten:
Entweder fragen Sie sich bei auffälligen sprachlichen Mitteln, welche Funktion sie für den ganzen Text und seine Aussageabsicht bzw. Wirkung haben. Oder Sie suchen ausgehend von einer Interpretationshypothese nach sprachlichen Auffälligkeiten im Text, die diese Hypothese stützen können. Bei der Arbeit an einem bestimmten Text kommt es dabei oft zu einer Verschränkung dieser beiden grundsätzlichen Möglichkeiten.
Wichtig für den Inhalt eines Textes sind häufig:

- sprachliche Merkmale bzw. Eigenheiten, die sich im ganzen Text zeigen bzw. den ganzen Text prägen;
- zentrale Textstellen, die sowohl für den Inhalt wichtig als auch sprachlich besonders markiert sind (z. B. durch zentrale Metaphern, Antithesen, Stil- oder Perspektivenwechsel oder andere Zäsuren).

3.8 **Lesen Sie gegebenenfalls noch einmal den Text „Der verlorene Sohn“ von Robert Walser.**

a Erläutern Sie, welche Funktion die Verwendung der zahlreichen Antonyme bzw. der antonymen Wortfelder (vgl. Aufgabe 3.2) hat.

b Erschließen Sie weitere sprachliche Merkmale, durch welche die negative Einschätzung des Erzählers über den angeblichen Wert der Geschichte vom verlorenen Sohn gestützt wird.

3.9 **Untersuchen Sie auch die stilistischen Merkmale der beiden Gedichte (vgl. Aufgabe 3.7) auf ihre Funktion.**

Eine Textanalyse schreiben

3.10 **Lesen Sie noch einmal den Text „Der verlorene Sohn“ von Robert Walser sowie das folgende Bibelgleichnis.**

a Welche Aspekte des biblischen Gleichnisses berücksichtigt Walser nicht in seiner Erzählung, welche hebt er besonders hervor?

b Leiten Sie aus dieser Untersuchung die Aussageabsicht von Walsers Text ab. Tauschen Sie sich hierzu mit Ihren Mitschülerinnen und Mitschulern aus und formulieren Sie abschließend die Aussageabsicht schriftlich.

Gleichnis vom verlorenen Sohn, Lukas 15

Und er sprach: Ein Mensch hatte zwei Söhne. [12] Und der jüngere von ihnen sprach zu dem Vater: Gib mir, Vater, das Erbteil, das mir zusteht. Und er teilte Hab und Gut unter sie. [13] Und nicht lange danach sammelte der jüngere Sohn alles zusammen und zog in ein fernes Land; und dort brachte er sein Erbteil durch mit Prassen. [14] Als er nun all das Seine verbraucht hatte, kam eine große Hungersnot über jenes Land und er fing an zu darben [15] und ging hin und hängte sich an einen Bürger jenes Landes; der schickte ihn auf seinen Acker, die Säue zu hüten. [16] Und er begehrte, seinen Bauch zu füllen mit den Schoten, die die Säue fraßen; und niemand gab sie ihm. [17] Da ging er in sich und sprach: Wie viele Tagelöhner hat mein Vater, die Brot in Fülle haben, und ich verderbe hier im Hunger!

[18] Ich will mich aufmachen und zu meinem Vater gehen und zu ihm sagen: Vater, ich habe gesündigt gegen den Himmel und vor dir. [19] Ich bin hinfort nicht mehr wert, dass ich dein Sohn heiße; mache mich zu einem deiner Tagelöhner! [20] Und er machte sich auf und kam zu seinem Vater. Als er aber noch weit entfernt war, sah ihn sein Vater und es jammerte ihn; er lief und fiel ihm um den Hals und küsste ihn. [21] Der Sohn aber sprach zu

ihm: Vater, ich habe gesündigt gegen den Himmel und vor dir; ich bin hinfort nicht mehr wert, dass ich dein Sohn heiße.
[22] Aber der Vater sprach zu seinen Knechten: Bringt schnell das beste Gewand her und zieht es ihm an und gebt ihm einen Ring an seine Hand und Schuhe an seine Füße [23] und bringt das gemästete Kalb und schlachtet's; lasst uns essen und fröhlich sein! [24] Denn dieser mein Sohn war tot und ist wieder lebendig geworden; er war verloren und ist gefunden worden. Und sie fingen an, fröhlich zu sein. [25] Aber der ältere Sohn war auf dem Feld. Und als er nahe zum Hause kam, hörte er Singen und Tanzen [26] und rief zu sich einen der Knechte und fragte, was das wäre. [27] Der aber sagte ihm: Dein Bruder ist gekommen und dein Vater hat das gemästete Kalb geschlachtet, weil er ihn gesund wiederhat.
[28] Da wurde er zornig und wollte nicht hineingehen. Da ging sein Vater heraus und bat ihn.
[29] Er antwortete aber und sprach zu seinem Vater: Siehe, so viele Jahre diene ich dir und habe dein Gebot noch nie übertreten, und du hast mir nie einen Bock gegeben, dass ich mit meinen Freunden fröhlich gewesen wäre.
[30] Nun aber, da dieser dein Sohn gekommen ist, der dein Hab und Gut mit Huren verprasst hat, hast du ihm das gemästete Kalb geschlachtet. [31] Er aber sprach zu ihm: Mein Sohn, du bist allezeit bei mir und alles, was mein ist, das ist dein. [32] Du solltest aber fröhlich und guten Mutes sein; denn dieser dein Bruder war tot und ist wieder lebendig geworden, er war verloren und ist wiedergefunden.

3.10 **Bearbeiten Sie die beiden folgenden Teilaufgaben:**

a Untersuchen Sie die Erzählweise des Textes „Der verlorene Sohn" von Robert Walser (Erzähler, Erzählhaltung – Ich-Erzählung, auktorial ... –, Zeitgestaltung – zeitraffend, zeitdehnend –, Personenrede – direkte Rede, innerer Monolog…) und stellen Sie Ihre Befunde schriftlich dar.

b Fassen Sie den Plot (den Handlungskern/die Fabel) von Robert Walsers Erzählung kurz zusammen.

W Eine **schriftliche Textanalyse** kann grundsätzlich zu Texten aller Textsorten verfasst werden. Anders als bei der Interpretation, die vor allem bei „klassischen" literarischen Textformen wie Gedicht, Kurzgeschichte oder Dramenszene verlangt wird, zielt eine Analyse vor allem darauf, die **Machart eines Textes** (Aufbau, Gliederung, Sprache, wesentliche Inhalte, besondere Kennzeichen) darzustellen.

Beim **Schreiben einer Textanalyse** können Sie so vorgehen:

Schritt 1: Aufgabenstellung analysieren; Ausgangstext erschließen
Schritt 2: Textanalyse planen – Gliederungsaspekte (d. h. dass die folgenden Punkte berücksichtigt werden müssen; die Reihenfolge ist aber variabel):

Einleitung	▪ Nennung (falls bekannt) von Autor bzw. Autorin, Titel, Textsorte, Erscheinungsjahr und Erscheinungsanlass ▪ ggf. Nennung der zum Text gehörigen Materialien (Infokästen, Schaubilder usw.) ▪ Textthema (in eigener Formulierung) ▪ Überleitung zum Hauptteil (kann sich durch das Thema ergeben; Sie können aber in der Einleitung auch schon einen Vorgriff auf Ihre Bewertung im Schlussteil geben)
Hauptteil	▪ kurze Textzusammenfassung, d. h. die Hauptgedanken (bei literarischen Texten der Plot) bzw. die Hauptthese(n) müssen dargestellt werden ▪ Darstellung des Textaufbaus (dazu gehört bei literarischen Texten etwa auch die Erzählweise in epischen Texten oder die äußere Gestaltung eines Gedichts) und ggf. der Argumentation ▪ Analyse zentraler Textstellen (unter Verwendung von Zitaten) ▪ Darstellung und Bewertung der Aussageabsicht des Textes sowie der Wirkung des Textes ▪ Beschreibung der Sprache und des Stils im Text (jeweils mit Beispielen) ▪ ggf. Darstellung und Bewertung des (medialen) Kontextes ▪ Überleitung zum Schluss (z. B. durch eine Zusammenfassung der wichtigsten Analyseergebnisse)
Schluss	▪ begründete Bewertung des Textes (unter Fragestellungen wie: Ist die Argumentation schlüssig? Ist der Text sprachlich angemessen formuliert? Welche Wirkung geht von dem Text aus?) – Achten Sie in diesem Zusammenhang noch einmal besonders auf die Aufgabenstellung! ▪ ggf. eigene Stellungnahme zum Thema

Schritt 3: Schreiben der Textanalyse – Achten Sie besonders auf einen sachlichen, standardsprachlichen Stil.
Schritt 4: Überarbeiten der Textanalyse

3.12 **Im Folgenden sollen Sie eine Textanalyse der Erzählung „Der verlorene Sohn" von Robert Walser verfassen, die auch eine Bewertung der Verarbeitung des biblischen Gleichnisses durch Walser beinhalten soll. Erstellen Sie in Gruppen einen Schreibplan für eine solche Textanalyse.**

3.13 **Schreiben Sie die Textanalyse zur Erzählung „Der verlorene Sohn" von Robert Walser (zwischen 540 und 660 Wörter) und lassen Sie Ihren Text von einer Mitschülerin/einem Mitschüler auf mögliche Verbesserungen gegenlesen.**

Matura-Aufgaben

3.14 Gottfried Benn: *Reisen*
Andrea Sailer: *14 Tage Griechenland*

Verfassen Sie einen offenen Brief.

Situation: Viele Ihrer Mitschülerinnen und Mitschüler sprechen davon, nach der Matura eine Event-Reise, bei der es hauptsächlich um „Spaß" gehen soll, machen zu wollen. Wenden Sie sich in einem Offenen Brief an Ihre Mitschülerinnen und Mitschüler, in dem Sie Ihre Auffassung von einer richtigen Matura-Reise darlegen. Als Anregung zum Nachdenken fügen Sie Ihrem Brief die beiden Gedichte von Benn und Sailer bei.

Lesen Sie die Gedichte „Reisen" von Gottfried Benn (S. 24) und „14 Tage Griechenland" von Andrea Sailer (S. 24).

Verfassen Sie nun den **offenen Brief** und berücksichtigen Sie dabei die folgenden Arbeitsaufträge:

- Legen Sie Ihre Auffassung von einer richtigen Matura-Reise dar.
- Stellen Sie in Ihrem Brief einen Bezug zu mindestens einem der beiden Gedichte her.
- Appellieren Sie abschließend an Ihre Mitschülerinnen und Mitschüler, über den Sinn von „Event-Reisen" nachzudenken.

Schreiben Sie zwischen 270 und 330 Wörter. Markieren Sie Absätze mittels Leerzeilen.

3.15 Kurt Tucholsky: *Die Kunst falsch zu reisen*
Diagramm: *Wie weit kommt man mit einem Kilo CO_2?*
Bild: *Massentourismus*

Verfassen Sie eine Textanalyse.

Lesen Sie den Text „Die Kunst, falsch zu reisen" von Kurt Tucholsky (S. 22) und werten Sie das Diagramm „Wie weit kommt man mit einem Kilo CO_2?" (S. 24) sowie das Bild „Massentourismus" (S. 24) aus.

Verfassen Sie nun die **Textanalyse** und berücksichtigen Sie dabei die folgenden Arbeitsaufträge:

- Benennen Sie die zentrale Aussageabsicht Tucholskys und stellen Sie dar, mit welchen sprachlich-stilistischen Mitteln er seine Aussageabsicht verdeutlicht.
- Beantworten Sie abschließend die Frage, ob der rund 90 Jahre alte Text für die Menschen im heutigen Österreich noch aktuell ist.
- Beziehen Sie in Ihre Überlegungen die Aussagen des Diagramms „Wie weit kommt man mit einem Kilo CO_2?" sowie des Bildes „Massentourismus" mit ein.

Schreiben Sie zwischen 540 und 660 Wörter. Markieren Sie Absätze mittels Leerzeilen.

y3eu42 SPRACHRAUM 4

Glück

Das Recht des Menschen auf Glück hat sogar in eines der ersten Dokumente, welche die Menschenrechte verankern, Eingang gefunden, nämlich in die Unabhängigkeitserklärung der USA von 1776. Doch kann man das Glück „messen" und was bedeutet „Glück" für „die" Österreicherinnen und Österreicher?

Marcus Rohwetter:

Fühl dich gut zum kleinen Preis

Einkaufen bringt Glück – wenn man es richtig macht

Schon alle Geschenke zusammen? Familie, Freunde, Kollegen bedacht und sich selbst auch etwas gegönnt? Gut so! Für Einzelhändler jedenfalls, für die ist Weihnachten nämlich, nun ja: wie Weihnachten. Die schönste Zeit des Jahres. Aber wie fühlen sich die Kunden nach dem adventlichen Powershopping? Glücklich? Genervt? Beides zugleich?

Die Frage, ob Konsum zu Glück führt, ist so alt wie die Überflussgesellschaft. Mit Werbern und Marketingexperten sollte man darüber nicht sprechen. Ebenso wenig sollte man auf sich selbst hören, sonst verwechselt man die leichte Beschwingtheit, die sich nach dem Erwerb von Schuhen oder teuren Armbanduhren einstellen kann, versehentlich mit Glück. Die Antwort ist viel komplizierter.

Schwierig ist ja schon, Glück überhaupt zu definieren. Am ehesten lässt es sich beschreiben als positiver und möglichst dauerhafter Zustand. Mehr Wohlbefinden als Rausch, wie eine tiefe Zufrieden- und Ausgeglichenheit. Das ist ein sehr subjektives Gefühl, man kann sich ihm nur annähern. Konsum dagegen hat mit Möglichkeiten zu tun, die objektiv messbar sind. Man muss sich Konsum leisten können.

Würde Konsum also glücklich machen, müsste es einen Zusammenhang zwischen Geld und Glück geben. Die Gleichung müsste lauten: Mehr Geld bedeutet mehr Möglichkeiten bedeutet mehr Konsum bedeutet mehr Glück.

Doch diese Rechnung geht nicht auf, zumindest nicht immer. Daniel Kahneman und Angus Deaton, beide Träger des Wirtschaftsnobelpreises, haben dazu 2010 an der Universität Princeton eine interessante Studie vorgelegt. Dafür haben sie 450 000 Datensätze ausgewertet, die Informationen über Einkommen und Wohlbefinden von US-Amerikanern enthielten. Die Wissenschaftler stellten fest, dass das Wohlbefinden tatsächlich parallel zum Einkommen wachse, „aber nicht mehr jenseits eines Jahreseinkommens von ungefähr 75 000 Dollar". Dem damaligen Wechselkurs zufolge waren das etwa 60 000 Euro. Zumindest für Gutverdiener bedeuten mehr Konsummöglichkeiten irgendwann keinen Glückszuwachs mehr. Der zehnte Ferrari macht einen Multimillionär nicht glücklicher als der neunte.

Unter Normalverdienern könnte das ganz anders sein – zumal Menschen soziale Wesen sind und sich ständig mit anderen vergleichen. Die Relation ist Teil des Glücksempfindens. Eine Gehaltserhöhung von 200 Euro würde einen Angestellten vielleicht glücklicher machen. Aber wenn er bemerkt, dass sein Büronachbar 300 Euro mehr bekommen hat, verblasst das absolute Plus neben dem relativen Minus.

Von den Einnahmen her lässt sich also nicht beantworten, wie Konsum und Glück zusammenhängen. Aber genau genommen geht es ja auch ums Ausgeben.

Zahlreiche Studien deuten darauf hin, dass der Kauf von Gegenständen weniger glücklich macht als der von Erfahrungen. Beispielsweise die Untersuchung eines Teams von Psychologen um Ryan Howell von der San Francisco State University. Wer sein Geld für Erlebnisse wie Theater- oder Restaurantbesuche ausgebe, befanden sie, erhöhe sein Wohlbefinden, „weil diese höherwertige Bedürfnisse erfüllen, vor allem die nach Zusammengehörigkeit und Vitalität – dem Gefühl, am Leben zu sein". Psychologische statt materielle Bedürfnisse zu befriedigen, das scheint ein Weg zum Glück zu sein.

Vorsicht, warnten zeitgleich Forscher der University of Texas in Austin und der Washington University in St. Louis. Erlebnisse machten zwar glücklicher als Gegenstände – aber nur, wenn sie selbst positive Erfahrungen waren. Schlechte Erfahrungen hingegen hätten negativere Folgen als Fehlkäufe. Irgendwie logisch: Wer mit neuen Schuhen unzufrieden ist, kann sie umtauschen. Ein enttäuschender Urlaub lässt sich hingegen nicht ungeschehen machen. Erlebnisse wirken nach, im Guten wie im Schlechten. Aber immerhin bestätigen auch diese Wissenschaftler die Verbindung von Erlebnissen und Gefühlen.

Konsum ist nie die alleinige Ursache von Glück. Er kann dazu beitragen, sofern man positive Erlebnisse sammelt. Und zwei Dinge beachtet, wie Psychologe Howell in späteren Untersuchungen herausfand. Zum einen sollte man tunlichst nicht zu jenem Drittel der Bevölkerung gehören, das eine extrem materialistische Persönlichkeitsstruktur aufweist. Diese Menschen können kaufen, was sie wollen – glücklich macht sie das nie. Zum anderen sollte man nie versuchen, andere beeindrucken zu wollen. Konsumglück entsteht allenfalls, wenn man etwas um seiner selbst willen tut. Die schönsten Theaterabende, Restaurantbesuche und Urlaubsreisen verpuffen, wenn man bloß angeben will. Dann kann man sich ebenso gut Schuhe kaufen.

(Die Zeit, 17.12.2015)

András Szigetvari:

Suche nach dem Index für Lebensqualität

Das Bruttoinlandsprodukt als wichtigstes Glücks- und Wohlstandsmaß bekommt Konkurrenz

Unfall auf der Wiener Südosttangente. Zwei Fahrzeuge krachen in einer unübersichtlichen Kurve zusammen. Ein Lenker wird leicht verletzt, die Rettung rückt aus. Ein Pkw ist demoliert, der zweite schrottreif: Es ist großer Schaden entstanden. Aber es gibt auch eine andere Sicht auf das Geschehen: Das kaputte Auto muss in der Werkstatt repariert werden. Der Rettungswagen braucht Sprit von der Tankstelle. Der Schrottplatz, am Ende auch ein Neuwagenhändler, freuen sich über einen neuen Kunden.

Es mag zynisch klingen, aber Unfälle kreieren Umsätze und steigern damit die Wirtschaftsleistung eines Landes, als Bruttoinlandsprodukt (BIP) gemessen. Das BIP ist nach wie vor die zentrale Messgröße für den wirtschaftlichen Erfolg eines Landes.

Einer, der auszog, um diesen „BIP-Fetisch" zu beenden, ist der kahlköpfige Brite Andrew Oswald. Wer seinen Worten lauscht, meint zunächst, es mit einem liebenswürdigen Esoteriker zu tun zu haben. Oswald sagt gern Sätze wie: „Das BIP ist überbewertet. Was wir messen müssen, ist Wohlbefinden, den Wert sozialer Beziehungen und unseres Glücks."

Vor ein paar Jahren wäre Oswald, der an der Warwick-University Ökonomie unterrichtet, als Spinner abgetan worden. Doch er findet inzwischen Gehör. In Großbritannien hat Premier David Cameron seine Statistiker damit beauftragt, noch heuer einen Index zu entwickeln und abzufragen. Erstmals wird der Staat umfassend Wohlbefinden und Zufriedenheit seiner Bürger messen. Oswald sitzt in der Kommission des Premiers. […] Aber was treibt die Politik so plötzlich an? Die Kritik am BIP ist nicht neu. In akademischen Kreisen wird seit Jahrzehnten bemängelt, dass Wachstum wenig über Wohlstandsverteilung, Glück und Zufriedenheit aussagt. Umweltprobleme blendet die Kennziffer völlig aus. Wer einen Wald im Amazonas abholzt, befeuert das BIP. […]

Dass die Politik jetzt fieberhaft nach alternativen Modellen sucht, hat für Marleen Desmedt, führende Eurostat-Beraterin, zwei Gründe: Die Krise und Joseph Stiglitz. Die astronomischen Wachstumszahlen zwischen 2002 und 2007 und der darauffolgende Absturz, hätten gezeigt, dass das BIP allein kein verlässliches Kriterium sein kann. Zu diesem Ergebnis kam auch die von Frankreichs Präsident Nicolas Sarkozy eingesetzte Kommission unter der Führung von Stiglitz. Der Stiglitz-Report empfiehlt, stärker auf Kriterien wie das verfügbare Einkommen der Haushalte abzustellen und den Wert sozialer Netze zu berücksichtigen. […]

National hat das statistische Zentralamt Insee in Paris erste Stiglitz-Indikatoren aufgegriffen. Insee hat Einkommen, Sparquote und Konsum der Haushalte erhoben und die Daten auf die BIP-Werte hochgerechnet. […] Das reichste Fünftel der französischen Gesellschaft hat ein fünfmal höheres Einkommen als die ärmsten 20 Prozent. Wird der Wert der Gesundheits- und Bildungsleistungen einbezogen, reduzieren sich die Unterschiede auf den Faktor drei.

Aber wohin geht die weitere Reise, steht am Ende wirklich ein Weltglücksindikator? Hier gehen die Meinungen auseinander. Andrew Oswald ist überzeugt: „In fünf bis zehn Jahren werden sich die Schlagzeilen in den britischen Nachrichten nicht ums BIP drehen. Die Meldung des Tages wird sein, dass unser Wohlbefinden rückläufig ist." Bei Eurostat [= Statistisches Amt der EU] ist man vorsichtiger. Ziel ist es, noch heuer acht Parameter zu Wohlbefinden (etwa Lebensbedingungen, Sicherheitsgefühl) zu finden, die künftig neben dem BIP stehen sollen. Eurostat will künftig aber auch neue Fragekataloge über die sozialen Netze entwickeln. Die Statistiker könnten bald nach der Zahl der Freunde, Familienbindungen und der Betätigung in Vereinen fragen. So gesehen, wird sich dann die Mitgliedschaft in einem Schachklub doppelt auszahlen.

(Der Standard, 18.02.2011)

WAS DIE ÖSTERREICHER GLÜCKLICH MACHT

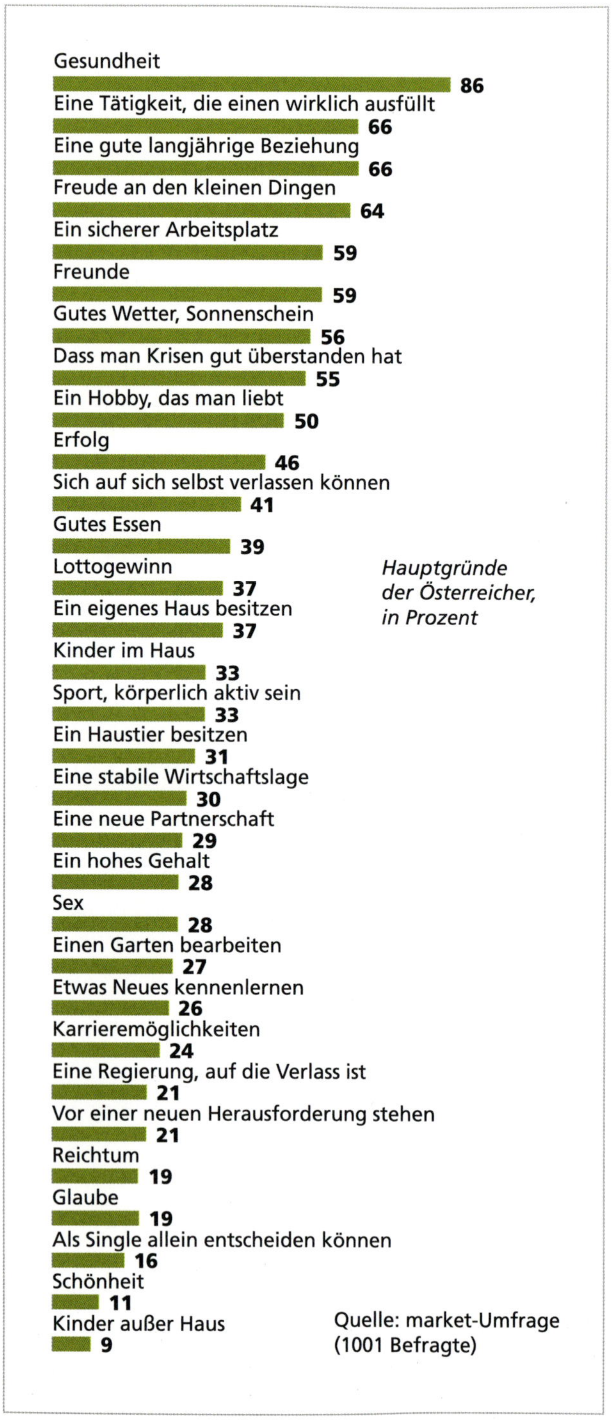

Dalai Lama: Ratschläge des Herzens

Man kann auf unterschiedliche Arten glücklich sein. Manche Menschen leben aufgrund einer geistigen Störung in einem Zustand des naiven Glücks. Für sie ist immer alles in Ordnung. Dieses Glück ist aber nicht das Glück, um das es hier geht.

Für andere gründet das Glück auf dem Besitz materieller Güter und auf sinnlicher Befriedigung. Wir haben bereits auf die Fragwürdigkeit dieser Einstellung hingewiesen. Auch wenn sie sich aus diesem Grund für wirklich glücklich halten – sie werden doppelt leiden, wenn ihnen die Umstände nicht mehr wohlgesonnen sind.

Andere wiederum fühlen sich glücklich, weil sie moralisch denken und handeln. Das ist das Glück, das wir brauchen, denn dieses Glück hat tiefere Wurzeln und hängt nicht von den Umständen ab.

Um dauerhaft glücklich sein zu können, müssen wir zuallererst erkennen, dass auch Leid zum Leben gehört.

Das ist vielleicht anfangs deprimierend, aber auf lange Sicht können wir mit dieser Einstellung nur gewinnen. Wer es vorzieht, die Wirklichkeit zu leugnen, indem er Drogen nimmt, das falsche Glück in einer blinden Spiritualität sucht oder ungezügelt lebt, nur um nicht nachdenken zu müssen, erwirkt dadurch bloß einen kurzen Aufschub.

Wenn dann die Probleme akut werden, sind diese Menschen oft nicht gegen Schwierigkeiten gefeit und „erfüllen das Land mit ihren Klagen“, wie man in Tibet sagt. Zorn oder Verzweiflung überkommen sie, und zu den anfänglichen Schwierigkeiten gesellt sich der Schmerz.

Versuchen wir herauszufinden, woher unser Leiden kommt. Wie jedes andere Phänomen ist es das Ergebnis unendlich vieler Ursachen und Umstände. Hingen unsere Gefühle jeweils nur von einer einzigen Ursache ab, dann müssten wir nur einer einzigen „Glücksursache“ ausgesetzt sein, und wir wären hundertprozentig glücklich. Wir wissen aber genau, dass dem nicht so ist. Geben wir also die Vorstellung auf, dass wir sie nur finden müssten, um nicht mehr zu leiden. Anerkennen wir, dass das Leid Teil des Lebens oder buddhistisch gesprochen des Samsara, des Kreislaufs der bedingten Existenz, ist. Wenn wir das Leid als etwas Negatives oder Abnormales betrachten, dessen Opfer wir sind, dann führen wir ein erbärmliches Leben, denn dann werden wir Opfer unserer Einstellung. Glück ist nur dann möglich, wenn selbst das, was wir als Leid ansehen, uns nicht unglücklich macht.

Nach buddhistischer Auffassung führt die Beschäftigung mit der Existenz des Leids nie zu Pessimismus oder Verzweiflung. Sie lässt uns die eigentlichen Gründe für unser Unglücklichsein erkennen, nämlich Begierde, Hass und Nichtwissen, und durch dieses Erkennen können wir uns davon befreien. Mit Nichtwissen ist hier das Unverständnis für die wahre Natur der Wesen und Dinge gemeint. Es ist die Ursache der beiden anderen Gifte.

Sobald das Nichtwissen sich auflöst, haben Hass und Begierde keine Grundlage mehr, und die Quelle des Leids ist erschöpft. Daraus ergibt sich ein spontan altruistisches Glück, das nicht mehr der Spielball negativer Gefühle ist.

Sachtexte und nichtlineare Texte auswerten

4.1 **Ergänzen Sie die folgende Übersicht, indem Sie die Sprachhandlungen und beispielhaften Textsorten an die richtige Stelle schreiben.**

Fachartikel – rechtfertigen – Gesetzestext – definieren – widerlegen – Einladung – berichten – Leserbrief – verbieten – Lexikonartikel – Kommentar – empfehlen

Mit Sachtexten informieren – wichtige Sprachhandlungen:	Mit Sachtexten argumentieren – wichtige Sprachhandlungen:	Mit Sachtexten appellieren – wichtige Sprachhandlungen:
▪ beschreiben ▪ erklären ▪ …… ▪ ……	▪ behaupten (und begründen) ▪ …… ▪ ableiten ▪ ……	▪ auffordern ▪ …… ▪ …… ▪ gebieten
Beispiele (Textsorten): ▪ Bericht ▪ …… ▪ …… ▪ Reportage	**Beispiele (Textsorten):** ▪ …… ▪ wissenschaftlicher Artikel ▪ Stellungsnahme ▪ ……	**Beispiele (Textsorten):** ▪ Werbetext ▪ …… ▪ …… ▪ Mahnung

4.2 **Lesen Sie den Text „Fühl dich gut zum kleinen Preis" von Marcus Rohwetter, der primär informieren, aber auch unterhalten will. Weisen Sie an diesem Text nach, wie seine unterhaltende Funktion entsteht. Sie können auch zu zweit oder in kleinen Gruppen arbeiten.**

4.3 **Erschließen Sie den Text „Suche nach dem Index für Lebensqualität" von András Szigetvari (vgl. Wissensbox Kap. 1) und bestimmen Sie seine Funktion(en). Begründen Sie Ihre Meinung, indem Sie Textstellen bestimmten Sprachhandlungen zuordnen.**

W Einer genaueren **Analyse eines Sachtextes** geht zunächst die Texterschließung (vgl. Kap. 1) voraus. Wichtige vertiefende Untersuchungsaspekte, die sich zum Teil auch gegenseitig ergänzen und bedingen können, sind:

- **Entfaltung des Themas**
  - induktive Form: geht von konkreten Fällen aus, aus deren Analyse eine allgemeine These entwickelt wird (bzw. der/die Leser/in eine Schlussfolgerung ziehen muss)
  - deduktive Form: Ausgangspunkt ist die allgemeine These; Beispiele dienen dann der Bestätigung der These
- **Aufbereitung der Information**
  - Konkretisierung (durch Beispiele, anschauliche Erklärungen, Bilder, Grafiken, …) oder Abstraktion (durch Thesen, logische Schlüsse, Begriffsanalysen, …)
  - Menge und Dichte der Information (Verhältnis von Textumfang und Information: Ein langer Text, der wenig Information bietet, ist meist ein schlechter Sachtext)
  - Nachvollziehbarkeit bzw. Komplexität
  - Einbettung in aktuelle (oder historische) Diskussionen
- **Funktion bzw. Wirkungsabsicht des Textes:** Welches Ziel verfolgt die Autorin/der Autor mit dem Text? Woran ist das zu erkennen? Beachten Sie, dass die Wirkungsabsicht nicht mit der tatsächlichen Wirkung übereinstimmen muss; dies wäre dann ein weiteres Merkmal für einen schlechten bzw. misslungenen Text.
- **Leserlenkung**
  - Gliederung: Überschriften und Zwischenüberschriften, Absätze, Nummerierungen, …
  - Leseanreize durch bildhafte Formulierungen, Personalisierung, alltagsnahe Beispiele, …
  - rhetorische Taktiken wie Provokation, Übertreibung, Scheinalternativen, …

- **Kontext:** Anlass des Textes? Gibt es bekannte Gegenpositionen? Gibt es im selben Medium weitere Texte (z. B. einen Kommentar zu einem Sachtext) oder Materialien (z. B. Bilder) zum Thema? Typisches Leserpublikum des Mediums, in dem der Text erschienen ist?
- **Argumentation und Argumentationsstruktur** (vgl. Wissensbox Kap. 2)
- **sprachliche Gestaltung des Textes** (vgl. Wissensbox Kap. 3)

Beachten Sie: Ob und inwieweit die genannten Untersuchungsaspekte bei einer Analyse weiterführen, hängt auch von der Textsorte ab, zu der ein Sachtext zählt. Grundsätzlich gilt, dass alles, was von der Erwartung abweicht, die man an eine spezielle Textsorte zu einem bestimmten Thema in einem bestimmten Medium hat, analysewürdig ist.

4.4 **Der Text „Suche nach dem Index für Lebensqualität" beginnt mit einem Beispiel. Erläutern Sie die Funktion dieses Beispiels für die Entfaltung des Themas.**

4.5 **Bewerten Sie den Text „Suche nach dem Index für Lebensqualität" unter dem Aspekt „Aufbereitung der Information" – siehe Wissensbox.**

4.6 **Lesen Sie noch einmal den Text „Fühl dich gut zum kleinen Preis" von Marcus Rohwetter und erläutern Sie, wie die Leserinnen und Leser gelenkt werden.**

4.7 **Diskutieren Sie, was für Sie der Begriff „Glück" bedeutet. Lesen Sie anschließend noch einmal den Text „Suche nach dem Index für Lebensqualität" und untersuchen und bewerten Sie ihn unter der Frage der Begriffsverwendung.**

4.8 **Lesen Sie das Diagramm „Was die Österreicher glücklich macht". Formulieren Sie in einer kurzen Gesprächsrunde Ihre ersten Eindrücke zum Diagramm (z. B.: Überrascht Sie das Ergebnis?). Klären bzw. besprechen Sie anschließend gemeinsam in der Klasse:**

a Ist das Diagramm repräsentativ für alle Österreicherinnen und Österreicher?

b Welche Frage wurde den Befragten gestellt, welche Antwort(en) waren offenbar zulässig? Inwieweit verzerrt diese Art der Befragung das Ergebnis?

4.9 **Das Diagramm „Was die Österreicher glücklich macht" ist mit 31 Aspekten (Balken) relativ unübersichtlich. Untersuchen Sie die Ergebnisse im Detail:**

a Bilden Sie thematisch übergeordnete Gruppen und fassen in diesen Gruppen möglichst viele der Einzelaspekte zusammen (z. B. Partnerschaft, Finanzen, …).

b Prüfen Sie in Ihren Gruppen, ob sich die Einzelaspekte inhaltlich überschneiden (z. B. „Etwas Neues kennen lernen" und „Vor einer neuen Herausforderung stehen") oder (teilweise) widersprechen (z. B. „Kinder im Haus" und „Kinder außer Haus").

4.10

Welche der folgenden Aussagen bzw. Schlussfolgerungen lassen sich aus dem Diagramm „Was die Österreicher glücklich macht" ableiten? Diskutieren Sie in der Klasse. – Aussagen:

a) 86 Prozent „der Österreicher" macht Gesundheit am glücklichsten.

b) Für 14 Prozent „der Österreicher" ist Gesundheit kein wesentlicher Aspekt des Glücklichseins.

c) Wenn 33 Prozent „der Österreicher" glücklich sind, wenn die Kinder im Haus sind, und wenn 9 Prozent „der Österreicher" glücklich sind, wenn die Kinder außer Haus sind, kann das nur bedeuten, dass 58 Prozent entweder keine Kinder haben oder es ihnen egal ist, ob die Kinder im oder außer Haus sind.

d) Reichtum und Glaube (jeweils 19 Prozent) haben für „die Österreicher" im Bezug auf ein glückliches Leben dieselbe Bedeutung.

4.11

Bewerten Sie die sprachliche Formulierung der drei folgenden „Glücksaspekte":

a) Ein Hobby, das man liebt (50 %): ....

....

b) Ein eigenes Haus besitzen (37 %): ....

....

c) Einen Garten bearbeiten (27 %): ....

....

4.12

Der folgende Text stammt von einer Schülerin, die den nichtlinearen Text „Was die Österreicher glücklich macht" im Rahmen einer Textanalyse beschrieben und zusammengefasst hat. Lesen und bewerten Sie diesen Text mit Hilfe der Wissensbox.

Das Balkendiagramm „Was die Österreicher glücklich macht" basiert auf einer „market"-Umfrage unter 1001 Österreichern (und wohl auch Österreicherinnen) und ist in der Zeitung „Die Presse" erschienen. Es zeigt in 31 Balken, welche Lebensaspekte die Österreicher glücklich machen. Neben der Gesundheit, die für 86 Prozent der Befragten Glück bedeutet, sind vor allem Geld bzw. Arbeit (sicherer Arbeitsplatz, Lottogewinn, Hausbesitz, hohes Gehalt, Karrieremöglichkeit, Reichtum) sowie das Privatleben (Beziehung, Freunde, Kinder, Hobby usw.) wichtig. Obwohl mit einer stabilen Wirtschaftslage (30 Prozent) und einer verlässlichen Regierung (21 Prozent) auch politische Gesichtspunkte angesprochen wurden, überrascht mich, dass Aspekte wie Frieden, Freiheit, Gerechtigkeit (Gleichheit) oder intakte Umwelt offenbar weniger wichtig sind wie „Ein Haustier besitzen" oder „Schönheit". Nicht nur deshalb messe ich dem Diagramm wenig Aussagekraft bei: Aus dem Diagramm geht nicht hervor, was die „Österreicher" gefragt wurden und welche Antwortmöglichkeiten sie hatten. Die Vielzahl (31!) der unterschiedlichen und sich zum Teil überschneidenden Aspekte vermitteln so den Eindruck von Beliebigkeit.

W **Nichtlineare Texte** (= diskontinuierliche Texte) können Sie unter folgenden Aspekten untersuchen und **beschreiben**:

- Darstellungsart (Diagramme, Tabellen usw.)
- Überschrift des nichtlinearen Textes (oft zugleich das Thema)
- Quelle/Urheber des Diagramms; Entstehungszeitpunkt
- Maßeinheiten, Zahlenwerte (z.B. absolute Zahlen, Prozentangaben)
- Minimal- und Maximalwerte, wichtige Werte im Einzelnen

Ziel der Analyse sollten die Ermittlung der Gesamtaussage des nichtlinearen Textes (Was will der Text verdeutlichen?) und seine Bewertung sein (Enthält die Darstellung Fehler? Passt die Darstellungsart zum Inhalt? Berücksichtigt die Darstellung alle Aspekte eines Themas? Welche Fragen knüpfen sich an die Darstellung an?).

Beachten Sie, dass manchmal nichtlineare Texte in einem größeren Zusammenhang stehen und z. B. einen Sachtext ergänzen. In diesen Fällen finden Sie in der Regel auch im linearen (kontinuierlichen) Text wichtige Hinweise zu dem nichtlinearen Text.

Einen Kommentar schreiben

4.13 **Im Folgenden sollen Sie einen Kommentar zu den Hauptaussagen des Textes „Suche nach dem Index für Lebensqualität“ von András Szigetvari verfassen (zwischen 270 und 330 Wörter). Benennen Sie den Anlass, aus dem der Bericht verfasst worden ist. Formulieren Sie auf der Grundlage des Textes, was man unter dem „Bruttoinlandsprodukt (BIP)“ versteht und weshalb es in die Kritik geraten ist.**

4.14 **Recherchieren Sie im Internet (in einer Matura-Aufgabe würden Ihnen die folgenden Informationen zur Verfügung gestellt werden): die Entwicklung des Bruttoinlandsproduktes in Österreich sowie die bestehenden Alternativen zum BIP.**

4.15 **Lesen Sie den folgenden Kommentar (268 Wörter) einer Schülerin.**

- **a** Paraphrasieren Sie Ihre Meinung.
- **b** Beziehen Sie die Überschrift auf den Text.
- **c** Stellen Sie die Gliederung des Textes dar.
- **d** Nehmen Sie zur Schreibweise des Textes Stellung.

Flüchtiges Glück

Die Kritik am Bruttosozialprodukt (BIP), das den Gesamtwert aller Waren und Dienstleistungen, die innerhalb eines Jahres innerhalb einer Volkswirtschaft hergestellt wurden, als Zahl und Rechnungsgröße darstellt, ist nicht neu. Und zynische Beispiele gibt es zuhauf: So steigert selbst Omas Tod das BIP, indem ein Sarg verkauft wird oder ein Leichenschmaus stattfindet. Aber was sagt das BIP über eine Gesellschaft und ihre Zukunft? Nach der Wirtschaftkrise im Jahre 2008 setzte der französische Präsident Nicolas Sarkozy eine Kommission unter der Führung von Joseph Stiglitz ein, die nach verlässlicheren Werten der Wirtschaftsprognose suchen sollte. Im Stiglitz-Report wird empfohlen, stärker Kriterien wie das verfügbare Einkommen der Haushalte oder den Wert sozialer Netze zu berücksichtigen. Einzelne Ökonomen, wie etwa der Brite Andrew Oswald, rufen sogar nach einem Glücksindikator. Das klingt zunächst vernünftig, lässt sich aber genauso zynisch hinterfragen: Wie verlässlich sind Angaben über das verfügbare Einkommen der Haushalte in einem Land, in dem Pfusch und Steuerbetrug schon zu den Lieblingssportarten zählt? Ist das soziale Netzwerk eines Schachclubs wirklich gleich viel wert wie das der Mafia? Und zweifellos würde ein zweites Cordoba[1] das Glücksempfinden der Österreicherinnen und Österreicher steigern, doch wollen wir davon Wirtschaftsprognosen abhängig machen? Auch solidere Daten wie die Lebenserwartung oder das Bildungsniveau dienen vor allem als wirtschaftliche Messgrößen, also als Sterbetafeln für Versicherungskonzerne oder die Pensionskassen (Lebenserwartung) oder als Verwertbarkeit am Arbeitsmarkt (Bildungsgrad). So berechtigt die Kritik am BIP auch sein mag, so wirkungslos ist sie, solange die westlichen Gesellschaften alles unter dem wirtschaftlichen Aspekt betrachten und unser flüchtiges Glück (Cordoba, Urlaub, Geld, …) nicht zum beständigen wird – etwa durch Werte wie Anstand, Treue oder Verlässlichkeit.

[1] Cordoba 1978: Österreich besiegt Deutschland bei der Fußball-WM mit 3:2

W Ein **Kommentar** gehört (als journalistischer Text) zu den **meinungsbildenden Darstellungsformen** (wie etwa auch der Leitartikel, die Glosse oder die Kolumne), die dem Leser/der Leserin helfen sollen, sich ein besseres Bild von einem Ereignis oder einem Sachverhalt zu machen. Für Kommentare gilt:

- Sie haben einen konkreten Anlass, oft ergänzen sie einen Bericht oder anderes informierendes Material.
- Sie erläutern die Bedeutung eines Themas, gerade auch in übergeordneten Zusammenhängen.
- Sie analysieren bzw. erklären den Hintergrund des Ereignisses oder des Sachverhalts.
- Sie sind subjektiv und geben die Meinung des Autors bzw. der Autorin wieder, die aber argumentativ gestützt sein muss und unterschiedliche Auffassungen abwägt.

Beim **Schreiben eines Kommentars** können Sie so vorgehen:

Schritt 1: Aufgabenstellung analysieren; Ausgangstext erschließen (vgl. auch Kap. 1)
Schritt 2: Stoffsammlung erstellen
- aus dem Ausgangstext: Diesem Text können Sie in der Regel den konkreten Anlass, aber auch die Hintergründe entnehmen (auch durch das, was nur angedeutet oder gar nicht gesagt wird, aber wichtig ist).

- aus der Aufgabenstellung: Die Aufgabenstellung enthält in der Regel Hinweise darauf, was wichtig sein könnte, vor allem indem auf Zusammenhänge oder andere Sichtweisen aufmerksam gemacht wird.
- aus Ihrem Sachwissen: Hier gehen Sie im Prinzip wie bei einer Erörterung (vgl. Kap. 5) vor, d. h. Sie hinterfragen das Ereignis bzw. den Sachverhalt vor dem Hintergrund Ihrer eigenen Erfahrungen.

Schritt 3: Kommentar planen

- Gliederungsaspekte: Einleitung: mit Bezug auf die Bedeutung des Themas und/oder der Erwähnung des Anlasses; Hauptteil: Darstellung der Hintergründe (falls bekannt oder im Ausgangstext erwähnt), anderer Sichtweisen und der eigenen Meinung samt Begründung; Schluss: Appell, These, Blick in die Zukunft, …
- Schreibweisen: Wer soll angesprochen werden? Schreibe ich sachlich-distanziert, ironisch, polemisch, appellativ, …? Verwende ich rhetorische Figuren, Beispiele, Anekdoten, …?

Schritt 4: Schreiben des Kommentars

Schritt 5: Überarbeiten des Kommentars

4.16 **Notieren Sie Ihre Gedanken zum BIP und einem „Weltglücksindikator“. Reduzieren Sie diese Gedanken schrittweise auf einen (auch sprachlich) prägnanten Satz.**

4.17 **Planen Sie Ihren Kommentar, indem Sie einen Schreibplan anfertigen. Achten Sie besonders auf: Anschaulichkeit durch Erklärungen, Beispiele; Schreibweise (z. B. sachlich oder ironisch?) und Überschrift**

4.18 **Schreiben Sie nun den Kommentar zu den Hauptaussagen des Textes „Suche nach dem Index für Lebensqualität“ von András Szigetvari (zwischen 270 und 330 Wörter).**

a Lassen Sie Ihren Text von einer Mitschülerin/einem Mitschüler auf mögliche Verbesserungen gegenlesen.

b Prüfen Sie etwaige Verbesserungsverschläge und überarbeiten Sie Ihre Textanalyse.

Matura-Aufgaben

4.19 Dalai Lama: *Ratschläge des Herzens*

Verfassen Sie eine Textanalyse.

Lesen Sie den ursprünglich auf Französisch verfassten Text „Ratschläge des Herzens“ des Dalai Lama (S. 34).

Verfassen Sie nun die **Textanalyse** und berücksichtigen Sie dabei die folgenden Arbeitsaufträge:

- Fassen Sie den Text des Dalai Lama kurz zusammen.
- Analysieren Sie den Text und stellen Sie die in ihm enthaltenen Hauptgedanken dar.
- Bewerten Sie die Schlüssigkeit der Argumentation im Text.

Schreiben Sie zwischen 540 und 660 Wörter. Markieren Sie Absätze mittels Leerzeilen.

4.20 Diagramm: *Was die Österreicher glücklich macht*

Verfassen Sie einen Kommentar.

Untersuchen Sie das Diagramm „Was die Österreicher glücklich macht“ (S. 34).

Verfassen Sie nun den **Kommentar** und berücksichtigen Sie dabei die folgenden Arbeitsaufträge:

- Stellen Sie Ihre Meinung über Glück und dessen Messbarkeit begründet dar.
- Bewerten Sie, ob und gegebenenfalls was das Diagramm über die typischen Österreichinnen und Österreicher aussagt.

Schreiben Sie zwischen 270 und 330 Wörter. Markieren Sie Absätze mittels Leerzeilen.

7w52e3

SPRACHRAUM 5

Wissenschaft und Verantwortung

Die ständige Erweiterung des menschlichen Wissens und Könnens in Technik, Wissenschaft und Forschung haben ohne Zweifel das Leben des Menschen in unzähligen Aspekten zum Positiven verändert.

Doch wissenschaftliche Erkenntnisse können auch negative Auswirkungen haben: Gerade die Wissenschaft, die am tiefsten in die Strukturen der Welt eingedrungen ist, die Kernphysik, hat mit der Atombombe die totale Zerstörung der Welt und mit der Atomkraft deren globale Verseuchung möglich gemacht. Dichter/innen, Philosophen/Philosophinnen und die Wissenschaftler/innen selbst befassen sich deshalb schon seit langem mit der Frage der Verantwortung und der Grenzen der Wissenschaft.

Friedrich Dürrenmatt: Die Physiker (1962)

Drei Physiker leben im Irrenhaus der Ärztin Mathilde von Zahnd: Johann Wilhelm Möbius, der behauptet, ihm erscheine der Geist König Salomos und zeige ihm das System aller möglichen Erfindungen, und zwei Kollegen, die sich für Isaac Newton und Albert Einstein halten. Doch nach und nach stellt sich heraus, dass keiner der drei wirklich verrückt ist. „Newton" und „Einstein" sind Agenten zweier Geheimdienste. Ihr Auftrag ist es, Möbius auszuspionieren, den sie für den genialsten Physiker der Gegenwart halten. Und tatsächlich hat Möbius eine Entdeckung gemacht, die in den falschen Händen zur Vernichtung der gesamten Menschheit führen könnte. Deshalb versteckt er sich im Irrenhaus und hat seine Forschungsergebnisse verbrannt.

MÖBIUS: Es gibt Risiken, die man nie eingehen darf: der Untergang der Menschheit ist ein solches. Was die Welt mit den Waffen anrichtet, die sie schon besitzt, wissen wir, was sie mit jenen anrichten würde, die ich ermögliche, können wir uns denken. Dieser Einsicht habe ich mein Handeln untergeordnet. Ich war arm. Ich besaß eine Frau und drei Kinder. An der Universität winkte Ruhm, in der Industrie Geld. Beide Wege waren zu gefährlich. Ich hätte meine Arbeiten veröffentlichen müssen, der Umsturz unserer Wissenschaft und das Zusammenbrechen des wirtschaftlichen Gefüges wären die Folgen gewesen. Die Verantwortung zwang mir einen anderen Weg auf. Ich ließ meine akademische Karriere fahren, die Industrie fallen und überließ meine Familie ihrem Schicksal. Ich wählte die Narrenkappe. Ich gab vor, der König Salomo erscheine mir, und schon sperrte man mich in ein Irrenhaus.

NEWTON: Das war doch keine Lösung!

MÖBIUS: Die Vernunft forderte diesen Schritt. Wir sind in unserer Wissenschaft an die Grenzen des Erkennbaren gestoßen. Wir wissen einige genau erfassbare Gesetze, einige Grundbeziehungen zwischen unbegreiflichen Erscheinungen, das ist alles, der gewaltige Rest bleibt Geheimnis, dem Verstande unzugänglich. Wir haben das Ende unseres Weges erreicht. Aber die Menschheit ist noch nicht soweit. Wir haben uns vorgekämpft, nun folgt uns niemand nach, wir sind ins Leere gestoßen. Unsere Wissenschaft ist schrecklich geworden, unsere Forschung gefährlich, unsere Erkenntnis tödlich. Es gibt für uns Physiker nur noch die Kapitulation vor der Wirklichkeit. Sie ist uns nicht gewachsen. Sie geht an uns zugrunde. Wir müssen unser Wissen zurücknehmen, und ich habe es zurückgenommen. Es gibt keine andere Lösung, auch für euch nicht. […] Ihr müsst bei mir im Irrenhaus bleiben.

NEWTON: Wir?

MÖBIUS: Ihr beide.

Schweigen.

NEWTON: Möbius! Sie können von uns doch nicht verlangen, dass wir ewig –

MÖBIUS: Meine einzige Chance, doch noch unentdeckt zu bleiben. Nur im Irrenhaus sind wir noch frei. Nur im Irrenhaus dürfen wir noch denken. In der Freiheit sind unsere Gedanken Sprengstoff. […] Entweder bleiben wir im Irrenhaus, oder die Welt wird eines. Entweder löschen wir uns im Gedächtnis der Menschen aus, oder die Menschheit erlischt.

Schweigen.

NEWTON: Diese Anstalt. Diese schrecklichen Pfleger. Diese bucklige Ärztin!

MÖBIUS: Nun?

EINSTEIN: Man sperrt uns ein wie wilde Tiere!

MÖBIUS: Wir sind wilde Tiere. Man darf uns nicht auf die Menschheit loslassen.
Schweigen.
NEWTON: Gibt es wirklich keinen andern Ausweg?
MÖBIUS: Keinen.
Schweigen.
EINSTEIN: Johann Wilhelm Möbius. Ich bin ein anständiger Mensch. Ich bleibe.
Schweigen.
NEWTON: Ich bleibe auch. Für immer.
Schweigen.
MÖBIUS: Ich danke euch. Um der kleinen Chance willen, die nun die Welt noch besitzt davonzukommen.

Doch die Hoffnung der drei ist vergebens. Mathilde von Zahnd hat über Jahre hinweg im Geheimen Möbius' Unterlagen kopiert. Nun wird sie die Weltherrschaft übernehmen. Die drei müssen begreifen: „Die Welt ist in die Hände einer verrückten Irrenärztin gefallen." Möbius spricht resigniert die bittere Erkenntnis aus: „Was einmal gedacht wurde, kann nicht mehr zurückgenommen werden."

Herfried Münkler:

Sicherheit und Risiko

Sicherheit ist ein Grundbedürfnis der Menschen, und das Streben danach ist der vielleicht wichtigste Antrieb zur Bildung von Gemeinschaften. Großgruppenbildung erhöht die Sicherheit, zumindest das Sicherheitsempfinden, und das wiederum begrenzt die Neigung zu Panik und Hysterie im Augenblick der Gefahr. Zwar kommen Gesellschaften nicht umhin, ausgewählte Mitglieder erhöhten Gefahren und Risiken auszusetzen; auf Dauer überlebensfähig sind sie aber nur, wenn sie ihren Kernbestand – klassisch ist hier von Frauen und Kindern die Rede – im Augenblick der Gefahr in Sicherheit bringen können. Gemeinschafts- und Gesellschaftsbildung läuft also darauf hinaus, die Sicherheit im Innern der Gemeinschaft zu erhöhen, indem Spezialisten der Gefahrenabwehr ausgesucht werden, die sich erhöhten Gefahren aussetzen. Dafür werden sie mit materiellen Gütern oder Symbolen der Anerkennung entlohnt. Sie gelten als Helden und werden als solche gefeiert.

Doch es gibt unterschiedliche Typen von Katastrophen: solche, die nur die Spezialisten der Gefahrenabwehr treffen, und solche, die auch das Innere einer Gesellschaft zerstören. Ersteres sind Katastrophen, die im kollektiven Gedächtnis als Risiken abgespeichert werden und die Gesellschaften immer wieder eingehen. Letzteres dagegen sind Einschnitte der Geschichte, historische Wendepunkte, nach denen nichts mehr so ist, wie es vordem war. [...]

Solche Katastrophen zwingen, wenn die Gesellschaft die Katastrophe irgendwie überstanden hat, zu grundlegenden Neuorientierungen. So mancher, der vor solchen Katastrophen als Held angesehen wurde, gilt danach als Verantwortlicher für den Untergang. Das könnte unter dem Eindruck einer von Technik und Wissenschaft zu verantwortenden Katastrophe die Ingenieure und Wissenschaftler treffen. Sie haben mit falschen Versprechungen die Gesellschaft in Sicherheit gewiegt. Gemeinsam mit der Mehrheit der Politiker haben sie die Gefahren unterschätzt und die Risiken falsch beurteilt. Damit haben sie die Gesellschaft in die Katastrophe geführt. [...]

Risiken werden eingegangen um der Chancen willen, die sich mit ihnen verbinden. Entsprechend kontrovers ist die Debatte über die Nutzung der Kernenergie bei uns geführt worden. Ihre Befürworter argumentierten mit den Chancen, die sie biete; die Gegner stellten die Unberechenbarkeit der als „Restrisiko" klassifizierten Risiken heraus. [...]

Das ändert nichts daran, dass die Mitte zwischen Sicherheit und Risiko immer wieder aufs Neue gefunden werden muss. Der Fortschritt von Wissenschaft und Technik verschiebt die Balance zugunsten einer größeren Risikotoleranz: Man glaubt, die verbliebenen Risiken beherrschen zu können. Katastrophen jedoch zerstören diese Überzeugungen und lassen das Sicherheitsbedürfnis wieder in den Vordergrund treten. Es gibt Katastrophen, die sich mit der Zeit vergessen. In der Regel sind das solche, die nur die Gefahrenabwehrspezialisten getroffen haben. Katastrophen, die das gesellschaftliche Innen nach außen gestülpt haben, lassen sich dagegen nicht vergessen. Mit ihnen beginnt eine neue Zeitrechnung.

(Der Spiegel 13, 28.3.2011)

Michael Holtschulte: Kopftransplantation

Anzeige: Pränataler Screeningtest auf Chromosomenstörungen

Bilddominierte Materialien auswerten

5.1 **Bilden Sie Gruppen und wählen bzw. entscheiden Sie sich für ein Motiv (z. B. Hochwasserbild, Kriegsfoto, Staubild, Menschen bei der Arbeit, …). Überlegen Sie in der Gruppe Kontexte, in denen das Bild stehen könnte, und welche Funktion es dann hätte (z. B. Hochwasserbild als Teil eine Berichtes über eine Hochwasser-Katastrophe, Hochwasserbild als Teil eines Spendenaufrufes, Hochwasserbild als Teil eines Berichtes über ein Dammbauprojekt, …). Informieren Sie sich anschließend über Ihre Gruppenarbeitsergebnisse.**

5.2 **Neben kontextabhängigen Bildern (Aufgabe 5.3) gibt es auch sogenannte ikonische Bilder, die für sich stehen (z. B. Albert Einstein streckt die Zunge heraus, Außenminister Leopold Figl im Jahre 1955 auf dem Balkon des Schlosses Belvedere). Sammeln Sie weitere Beispiele solcher ikonischer Bilder. Im Idealfall können Sie Beispiele für ikonische Bilder in den Unterricht mitbringen.**

5.3 **Beschreiben Sie die Karikatur „Kopftransplantation" von Michael Holtschulte möglichst genau. Leiten Sie anschließend aus Ihrer Beschreibung eine Aussage der Karikatur ab.**

5.4 **Betrachten Sie die Anzeige „Pränataler Screeningtest auf Chromosomenstörungen" eingehend. Notieren Sie stichwortartig, welche (symbolische) Wirkung und Bedeutung von den folgenden zwei Bildbestandteilen jeweils ausgeht.**

a die schwangere Frau, deren Bauch umarmt wird ______

b die angedeutete Doppelhelixstruktur vor dem Firmennamen „cenata" ______

Tauschen Sie sich anschließend über Ihre Eindrücke mit Ihren Mitschülerinnen und Mitschülern aus.

5.5 **Untersuchen Sie und diskutieren Sie, wie die Bildelemente bei der Anzeige zusammenwirken und sich gegenseitig in ihrer Aussage unterstützen. Greifen Sie dabei auf Ihre Arbeitsergebnisse aus Aufgabe 5.4 zurück.**

5.6 **Halten Sie Ihre Arbeitsergebnisse aus Aufgabe 5.5 in einem kurzen zusammenhängenden Text schriftlich fest.**

W **Bilddominierte Materialien** (wie Karikaturen, Werbeanzeigen oder Pressefotografien) gehören im weiteren Sinne ebenfalls zu den nichtlinearen Texten. Anders aber als bei Diagrammen, Grafiken oder Tabellen ist die eigentliche Botschaft vor allem visueller Art. Gerade weil man die Sprache der Bilder meist gut versteht, fällt die Analyse der Bildbotschaften – und in der Folge das Schreiben über Bilder oder Bildelemente in Texten – oft nicht leicht.

Folgende Aspekte können die Analyse erleichtern:
- Bildfunktion, z. B.: Werbung, Illustration, Pressebild, Titelbild, …
- Bildart, z. B. Fotografie, Zeichnung, Collage, …
- Urheber/in und Erscheinungsort
- Bildinhalt (Beschreibung dessen, was abgebildet ist)
- Bildgestaltung, z. B.: Bildperspektive und -größe (Detail- oder Panoramaaufnahme, Auf- oder Normalsicht, …), Bildschärfe (gibt es etwa auch verschwommene oder „weichgezeichnete" Bildteile), Farben, Bildkomposition, …
- Eindruck des Bildes (Wirkung auf die Betrachterin/den Betrachter, mit den Bildinhalten oder Gestaltung verknüpfte Gefühle, Bedeutungen)

Eine Erörterung schreiben

5.7 **Sammeln und formulieren Sie in Gruppen aus dem Bereich „Wissenschaft und Verantwortung" möglichst viele Themen und ordnen Sie diese tabellarisch (s. Wissensbox):**

lineare Erörterungen	dialektische Erörterungen
▪ Welche Verantwortung hat die Wissenschaft gegenüber den Menschen? ▪ …	▪ Wird Umwelttechnologie durch den österreichischen Staat ausreichend gefördert? ▪ …

5.8 **Im Folgenden sollen Sie die Frage erörtern (zwischen 540 und 660 Wörter), ob die österreichische Gesellschaft sich ihrer Verantwortung gegenüber Natur und Umwelt hinreichend bewusst ist. Untersuchen Sie in einem ersten Schritt die folgenden Begriffe aus der Aufgabenstellung genauer und notieren Sie stichwortartig Ihre ersten Gedanken dazu:**

Begriffe	meine Gedanken
österreichische Gesellschaft	
Verantwortung	
Natur	
Umwelt	
Bewusstsein	

W Eine **Erörterung** ist eine **Auseinandersetzung mit einem Thema** (eines Textes), die zur Lösung einer Kernfrage beiträgt; dabei werden unterschiedliche Standpunkte beleuchtet und abgewogen.

Bei Erörterungen ist zunächst zwischen linearen und dialektischen Erörterungen zu unterscheiden. Im Zentrum einer **linearen Erörterung** steht ein Thema, das es auszuloten, oder eine Frage, die es zu beantworten gilt; der dem Thema zugrunde liegende Sachverhalt ist nicht strittig (z. B.: Welche Verantwortung hat die Wissenschaft gegenüber den Menschen? – Es ist also **nicht strittig**, dass die Wissenschaft auch eine Verantwortung hat, sondern nur welche bzw. wie viel.).
Im Zentrum einer **dialektischen Erörterung** steht ein **strittiger** Sachverhalt, zu dem es unterschiedliche Auffassungen und damit Pro- und Kontra-Argumente gibt (z. B.: Wird Umwelttechnologie durch den österreichischen Staat ausreichend gefördert? – Diese Frage kann nur mit Ja oder Nein beantwortet werden.).
Beachten Sie dabei den unterschiedlichen **Aufbau** von linearen und dialektischen **Erörterungen**.

Lineare Erörterungen haben folgenden Aufbau:

- Einleitung: Hier können Sie auf die Aktualität des Themas und/oder seine Bedeutung hinweisen; dies kann auch durch ein konkretes Beispiel aus Ihrem Umfeld geschehen. Außerdem sollten Sie zum Hauptteil überleiten, z. B. dadurch, dass Sie Ihre Meinung formulieren.
- Hauptteil: Im Hauptteil begründen Sie Ihre Meinung und nennen nacheinander alle Argumente für Ihren Standpunkt. Achten Sie dabei darauf, dass Sie mit dem schwächsten Argument beginnen und mit dem stärksten enden:
  Argument 1 (weniger wichtig) → Argument 2 (wichtig) → Argument 3 (sehr wichtig)
  Achten Sie außerdem darauf, dass Sie Ihre Argumente, so gut es geht, mit Beispielen (auch eigenen Erfahrungen), Belegen (Fakten, Zitate, Zahlen usw.) belegen.
- Schluss: Hier können Sie Ihre Meinung noch einmal zusammenfassend darstellen und einen Ausblick geben (z. B. darauf, wie sich das Problem in Zukunft und/oder unter veränderten Voraussetzungen darstellt). Sie können die Fragestellung aber auch erweitern, neue Aspekte des Themas und seiner Lösung aufzeigen oder einen Appell an die Leserinnen und Leser richten.

Dialektische Erörterungen haben folgenden Aufbau:

- Einleitung: ist der Einleitung von linearen Erörterungen vergleichbar. Je nach Aufgabenstellung kann es hier aber auch nötig sein, den strittigen Punkt schärfer zu formulieren, sodass die gegensätzlichen Positionen ganz deutlich werden (im Sinne einer Ja-/Nein-Frage).
- Hauptteil: Hier gilt es zwei Möglichkeiten des Aufbaus zu unterscheiden:

These-Gegenthese-Modell	Sanduhr-Modell
wechselnde Argumentation – dabei wägen Sie nacheinander alle Pro- und Kontra-Argumente gegeneinander ab und stellen jeweils Ihre Sichtweise als die überzeugendere dar (z. B. Es ist zwar verständlich, dass X. Andererseits muss, und das ist zentraler, auch Y betrachtet werden.).	zweigeteilte Argumentation – Im ersten Teil widerlegen Sie zunächst alle Gegenargumente: wichtigstes Gegenargument (+ Widerlegung/kritische Hinterfragung) → wichtiges Gegenargument (+ Widerlegung) → weniger wichtiges Gegenargument (+ Widerlegung) Im zweiten Teil, zu dem Sie mit einem oder zwei Sätzen überleiten sollten, nennen Sie die Pro-Argumente, wobei Sie wieder mit dem schwächsten Argument beginnen und mit dem stärksten enden sollten: Argument 1 (weniger wichtig) → Argument 2 (wichtig) → Argument 3 (sehr wichtig)

These-Gegenthese-Modell

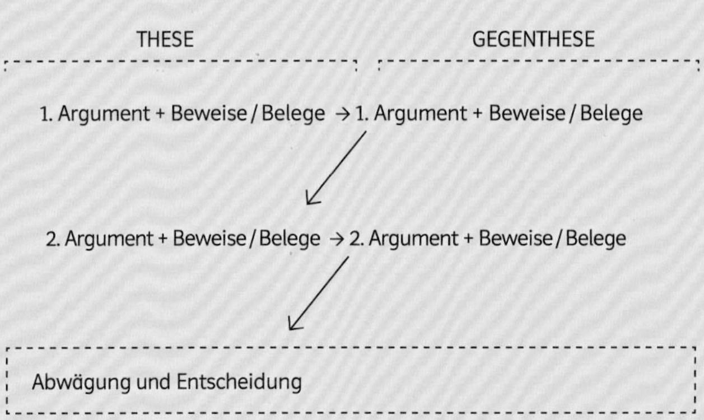

Sanduhr-Modell

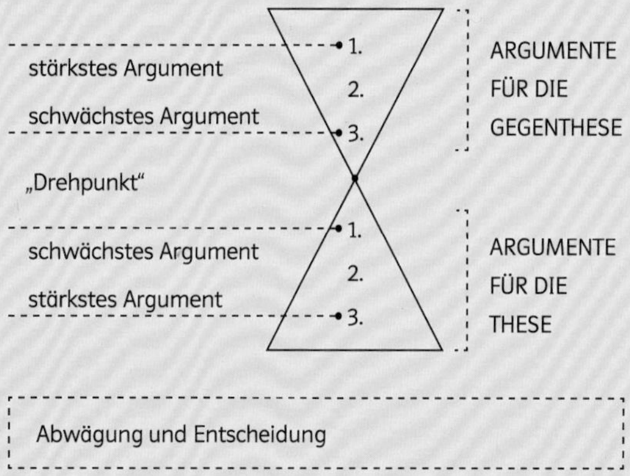

Arbeitsschritte zum Verfassen einer Texterörterung:

Schritt 1: Textverständnis festhalten, Aufgabenstellung erfassen:
- Auffälliges, Interessantes, Widersprüchliches notieren
- Interpretationshypothese mit Bezug auf die Aufgabenstellung formulieren

Schritt 2: Text erschließend untersuchen:
- Aufbau/Gliederung und Argumentation (zentrale Thesen)
- Intention und Wirkung des Textes
- Sprache des Textes

Schritt 3: eigene Position entwickeln:
- These des Autors/der Autorin kontextualisieren und im Kontext reflektieren
- Werte (Intention) und Argumentation kritisch beurteilen
- eigene Position formulieren und mit Argumenten stützen

Schritt 4: Gliederung erstellen:
- Entscheidung für ein Argumentationsmodell (siehe oben)
- Stützung der Argumente durch Belege
- Einleitung und Schluss

Schritt 5: Erörterung schreiben

Schritt 6: Überarbeiten der Erörterung

- Schluss: wie bei der linearen Erörterung

Schreibtipp: Lesen Sie jeden neu geschriebenen Absatz einmal durch, bevor Sie weiterschreiben. Auf diese Weise lassen sich nicht nur Fehler leichter korrigieren, sondern der Anschluss des neuen Gedankens gelingt besser und Wiederholungen können vermieden werden.

5.9 **Kontextualisieren Sie das Thema aus der Aufgabenstellung 5.8 in Form eines Clusters.**

a Sammeln Sie Belege, Beispiele und Erfahrungen zu Ihren Ideen.

b Strukturieren Sie anschließend Ihre bisherigen Arbeitsergebnisse in einer Mind-Map.

5.10 **Entwickeln und formulieren Sie Ihre eigene Position zur Erörterungsfrage aus Aufgabe 5.8.**

5.11 **Diskutieren Sie in der Klasse die Vor- und Nachteile der beiden Gliederungsmodelle für den Hauptteil von dialektischen Erörterungen (These-Gegenthese-Modell und Sanduhr-Modell). Formulieren Sie allgemein, wann man auf welches Modell sinnvollerweise zurückgreifen wird.**

5.12 **Planen und schreiben Sie Ihre Erörterung zur Frage, ob die österreichische Gesellschaft sich ihrer Verantwortung gegenüber Natur und Umwelt hinreichend bewusst ist (zwischen 540 und 660 Wörter). Lesen Sie abschließend Ihre Erörterung zur Korrektur nochmals durch.**

Matura-Aufgaben

5.13

Friedrich Dürrenmatt: *Die Physiker*

Verfassen Sie einen Kommentar.

Situation: Sie sind Redakteur bzw. Redakteurin in der Schüler/innenzeitung Ihrer Schule. Anlässlich der Aufführung des Stücks „Die Physiker" von Friedrich Dürrenmatt durch die Theatergruppe Ihrer Schule wurden Sie gebeten, die Aktualität des Stückes (auf der Grundlage des vorliegenden Auszugs) zu kommentieren.

Lesen Sie den Auszug aus dem Stück „Die Physiker" von Friedrich Dürrenmatt (S. 40 f.).

Verfassen Sie nun den **Kommentar** und berücksichtigen Sie dabei die folgenden Arbeitsaufträge:
- Benennen Sie die zentrale Aussage des Textauszugs.
- Diskutieren Sie die Aktualität bzw. die Nichtaktualität des Stücks.

Schreiben Sie zwischen 270 und 330 Wörter. Markieren Sie Absätze mittels Leerzeilen.

5.14

Herfried Münkler: *Sicherheit und Risiko*

Verfassen Sie eine Erörterung.

Lesen Sie den Text „Sicherheit und Risiko" von Herfried Münkler (S. 41) und betrachten Sie die beiden Bilder unterhalb dieser Aufgabenstellung.

Verfassen Sie nun die **Erörterung** und berücksichtigen Sie dabei die folgenden Arbeitsaufträge:
- Fassen Sie kurz die Hauptaussagen im Text von Herfried Münkler zusammen.
- Nehmen Sie erörternd Stellung zu der Frage, ob das Risiko moderner Techniken in der westlichen Welt unterschätzt wird.
- Beziehen Sie konkrete Beispiele in Ihre Darstellung mit ein. Sie können dazu die beiden Bilder zu der Aufgabe als Impulse verwenden.

Schreiben Sie zwischen 540 und 660 Wörter. Markieren Sie Absätze mittels Leerzeilen.

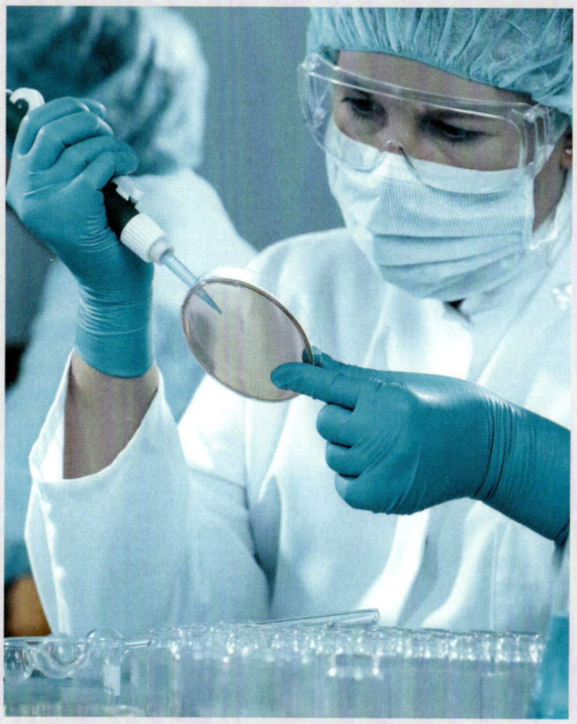

64w94s

SPRACHRAUM 6

Ökologie

Im griechischen Wort „Ökologie" steckt das Wort *oikos* „Haus, Wohnung". Und wirklich gibt die Erde den Menschen Wohnung. Doch die Erde ist klein und die natürlichen Ressourcen sind begrenzt. Grund genug, aufmerksam zu sein.

Dürs Grünbein: Belebter Bach (1988)

mit alten Autoreifen, Glas,
Sperrmüll und der Attrappe
eines kleinen Wehrs

aus Zellophan und Schrott,
in dem inmitten Schaums
auf einem Ölfilm ausgesetzt

ein grüner Badefisch sich
zwischen Zweigen schaukelnd
leicht um seine Achse dreht.

Kommt
Wellen klaren Wassers, kommt.

Ingeborg Bachmann: Freies Geleit (1957)

Mit schlaftrunkenen Vögeln
und winddurchschossenen Bäumen
steht der Tag auf, und das Meer
leert einen schäumenden Becher auf ihn.

Die Flüsse wallen ans große Wasser,
und das Land legt Liebesversprechen
der reinen Luft in den Mund
mit frischen Blumen.

Die Erde will keinen Rauchpilz tragen,
kein Geschöpf ausspeien vorm Himmel,
mit Regen und Zornesblitzen abschaffen
die unerhörten Stimmen des Verderbens

Mit uns will sie die bunten Brüder
und grauen Schwestern erwachen sehn,
den König Fisch, die Hoheit Nachtigall
und den Feuerfürsten Salamander

Für uns pflanzt sie Korallen ins Meer.
Wäldern befiehlt sie, Ruhe zu halten,
dem Marmor, die schöne Ader zu schwellen,
noch einmal dem Tau, über die Asche zu gehn.

Die Erde will ein freies Geleit ins All
jeden Tag aus der Nacht haben,
daß noch tausend und ein Morgen wird
von der alten Schönheit jungen Gnaden

Die Menschen verprassen ihre Ressourcen

Die Natur bringt Erstaunliches zustande. Aber sie kann eines nicht: sich unendlich regenerieren. Das wird allmählich zur Gefahr.

BERLIN. Ab heute, Montag, trifft es die gesamte Weltbevölkerung: Nach Berechnungen von Umweltorganisationen hat sie 2016 bereits mehr Ressourcen an Nahrung, Wasser und Energie verbraucht, als die Erde im ganzen Jahr regenerieren kann. Für den Rest des Jahres lebe die Menschheit von den Reserven des Planeten, teilte die Umweltstiftung WWF mit. Damit ist das Ökokonto noch ein wenig früher ins Minus gerutscht als 2015, als die Ressourcen bis zum 13. August reichten. Die Folgen überfischter Ozeane, gerodeter Wälder und des hohen Kohlendioxidausstoßes sind laut Umweltschützern unter anderem der Rückgang der Artenvielfalt und der Klimawandel. „Seit über dreißig Jahren häufen wir jährlich neue Schulden an", warnt WWF-Vorstand Eberhard Brandes. „Wir müssen endlich einen Weg finden, in den natürlichen Grenzen unseres Planeten zu leben und zu wirtschaften. Das ist die größte Herausforderung unserer Zeit."

Die Berechnungen zum Erdüberlastungstag gehen auf das Konzept des ökologischen Fußabdrucks zurück. Er weist aus, wie groß die Erde sein müsste, um alle momentanen Bedürfnisse der Menschheit dauerhaft zu befriedigen und daraus entstehende Abfallprodukte sowie CO_2 biologisch zu verarbeiten. Großen Einfluss auf den ökologischen Fußabdruck haben der Wasserverbrauch, die Lebensmittelproduktion, Wohnen und Brennstoffe. Da die Fläche der Erde endlich ist, kann der Blaue Planet nur einen bestimmten Ressourcenverbrauch im Jahr ohne Schäden verkraften. Mit dem heutigen Tag hat der globale Verbrauch diese Schwelle überschritten.

Deutschland hat sein ökologisches Länderkonto in diesem Jahr bereits am 28. April überzogen. Nach Angaben der Umweltschutzorganisation Germanwatch lag das vor allem am hohen Kohlendioxidausstoß bei der Verbrennung von Kohle, Öl und Gas für Energie und Verkehr. Dem erzeugten Kohlendioxid wird bei den Berechnungen die Fläche der deutschen Wälder und Meere gegenübergestellt, die das entstandene Gas aufnehmen können. Für Schulden auf dem Ökokonto sorgt zudem die industrielle Landwirtschaft mit ihrem hohen Flächenbedarf, vor allem für die Fleischproduktion.

Würden alle Menschen so leben und wirtschaften wie die Deutschen, wären drei Erden notwendig, um den Bedarf an Ressourcen zu decken, errechneten die Umweltschützer. Bei einem weltweiten Konsum- und Lebensstil wie in den USA wären sogar 4,8 Erden nötig – bei einem Leben wie in Indien nur 0,7.

Die Folgen der Kontenüberziehung in den Industriestaaten sind schon zu spüren, bilanzieren Umweltschützer. So ist die biologische Vielfalt in den vergangenen 40 Jahren stark zurückgegangen. Im Durchschnitt hat sich die Anzahl der untersuchten Säugetiere, Vögel, Reptilien, Amphibien und Fische halbiert. Dazu kommen Wassermangel, Meeresverschmutzung und der Klimawandel, der zu mehr Überschwemmungen oder Dürren führt.

(Salzburger Nachrichten vom 08.08.2016)

Studie:

Ersatz von Palmöl kann Umweltprobleme verschärfen

Kokos, Soja und Raps brauchen größere Anbauflächen – WWF empfiehlt Konsumenten Verhaltensänderung

Berlin – Der weltweit steigende Verbrauch von Palmöl belastet die Umwelt, ein Ersatz durch andere Pflanzenöle ist aber schwierig: Zu diesem Ergebnis kommt eine am Dienstag in Berlin präsentierte Studie der Beratungsfirma Agripol im Auftrag des World Wide Fund For Nature (WWF). „Der simple Austausch von Palmöl durch andere Pflanzenöle löst die Probleme nicht, sondern kann sie sogar verschlimmern", sagt WWF-Studienleiterin Ilka Petersen. Für Kokos-, Soja- und Rapsöl würde man noch weitaus größere Anbauflächen als für Ölpalmen benötigen, dafür müsste im tropischen Gürtel weiterer Regenwald gerodet werden. Dadurch würden wiederum große Mengen Kohlendioxid zusätzlich freigesetzt und so der Treibhauseffekt verstärkt. Die Abholzung sei schon jetzt beim Palmöl das Hauptproblem. Zudem verringern die Monokulturen die biologische Vielfalt.

Weniger Fertiggerichte essen

„Es führt daher kein Weg daran vorbei, den Anbau von Ölpflanzen ausnahmslos umwelt- und sozialverträglicher zu gestalten", sagt Petersen. Zugleich müssten die Konsumenten ihr Verhalten ändern, denn weniger Fertiggerichte, Eis, Schokolade, Süßigkeiten und Knabberzeug führen auch zu einem geringen Palmölverbrauch. Zudem dürfe Palmöl nicht mehr in Biokraftstoffen verwendet werden. In Deutschland werden laut der WWF-Studie jährlich 1,8 Millionen Tonnen Palmöl verbraucht. Davon gehen 41 Prozent in Biodiesel und 40 Prozent in Nahrungs- und Futtermittel. 17 Prozent werden von der Industrie für Reinigungsmittel, Kosmetika und Pharmaprodukte verwendet.

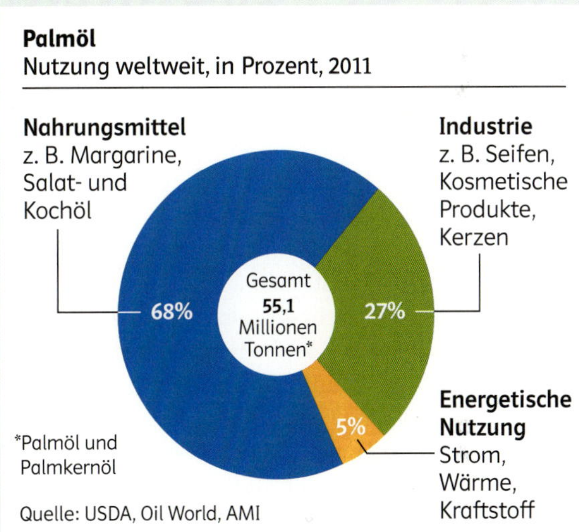

Österreich: Mehr als 40.000 Tonnen Palmfett pro Jahr

Österreich importierte im Jahr 2014 rund 43.000 Tonnen Palmfett, wie eine parlamentarische Anfrage im Juni ergab. Enthalten ist es etwa in Nutella. Die großen Eishersteller Unilever (Eskimo) und Nestlé (Schöller) haben Palmfett hingegen weitestgehend durch andere Fette ersetzt, zeigte eine Rundfrage des STANDARD.

Abholzung für Palmöl-Plantagen bedroht Tierarten

Die Palmöl-Produktion wird auch Thema auf dem Weltnaturschutzkongress sein, der vom 1. bis 10. September auf Hawaii stattfindet. Zu dem Kongress der Weltnaturschutzunion werden 6.000 Teilnehmer erwartet, darunter 170 Regierungsvertreter. Zuletzt hat die Weltnaturschutzunion den Borneo-Orang-

Utan (Pongo pygmaeus) als vom Aussterben bedroht eingestuft. Einer der Hauptgründe dafür: Wälder werden für Palmöl-Plantagen abgeholzt und damit der Lebensraum dieser Affen zerstört. Nach der Auswertung von Anbaulizenzen haben Wissenschafter in einer Studie vor ähnlichen Gefahren für Gorillas, Schimpansen und Bonobos in Teilen Afrikas gewarnt. Forscher aus Singapur und der Schweiz haben zudem nachgewiesen, dass durch solche Plantagen viele Vogelarten in Südostasien ausgestorben sind.

(Der Standard vom 30.08.2016)

Johannes Lau:

Strahlenwarnung für die Menschen der Zukunft

Obelisken mit Zeichnungen? Strahlenkatzen? Mit welchen Botschaften künftige Generationen vor Atommüll gewarnt werden können, beschäftigt die Atomsemiotik

Wien – Der Dialog zwischen den Generationen fällt nicht immer leicht. Wie aber verständigt man sich dann erst mit Menschen, die in vielen tausend Jahren den Planeten bewohnen werden? Diese Frage stellt sich auch die Atomsemiotik: In diesem Bereich der Wissenschaft der Zeichensysteme überlegen Forscher, mit welchen Methoden man spätere Kulturen an Endlagerstandorten vor radioaktiven Abfällen warnen kann.

Auch in 100.000 Jahren wird dieses Material seine Gefahr nicht eingebüßt haben. Was sich dagegen mit Sicherheit verändert haben wird, ist der Mensch und seine Sprache. Deshalb ist davon auszugehen, dass spätere Generationen auch heute übliche Warnhinweise nicht mehr als solche verstehen können.

Warum gerade Zeichenwissenschafter helfen können, in ferner Zukunft die Bedrohung, die von radioaktivem Material ausgeht, zu kommunizieren, erklärt Christian Trautsch von der Arbeitsstelle für Semiotik an der Technischen Universität Berlin: „Die Semiotik kann insofern im Rahmen der Atommüllproblematik hilfreich sein, da sie eine Vielzahl von Theorien für die Klärung kommunikationstheoretischer Schwierigkeiten bereitstellt.“

Wandelnde Zeichen

Die Kultur, die Sprache und auch der Mensch wandeln sich schließlich – vor allem über einen derartig langen Zeitraum. Genauso wie uns archäologische Artefakte heute noch Rätsel aufgeben und ein Neandertaler nicht in der Lage wäre, mit uns zu sprechen, werden auch die Menschen von morgen in dem uns heute bekannten Nuklearsymbol vielleicht etwas völlig anderes sehen.

„Um auf die Gefahren des Durchbrechens der Atommüll-Schutzbarrieren hinzuweisen, wird man nicht umhinkommen, sich mit semiotischen Begriffen und mit den zu verwendenden Zeichentypen auseinanderzusetzen und deren konkrete Realisierbarkeit zu prüfen“, erklärt Trautsch und betont: „Mitteilungen an eine ferne Zukunft müssten in der Lage sein, kodierte und dekodierbare Botschaften an antizipierte Adressaten zu richten.“

Wie das zu bewerkstelligen ist, darüber zerbrechen sich Zeichenwissenschafter seit mehr als drei Jahrzehnten den Kopf: Als Begründer der Disziplin gilt Thomas Sebeok, Semiotiker an der Universität Bloomington, der 1981 von der US-Regierung zum Leiter der Human Interference Task Force ernannt wurde.

Sebeok wurde damit die Aufgabe zugeteilt, in einem Ausschuss aus Anthropologen, Geologen, Ingenieuren und Physikern eine Methode zu entwickeln, mit der Erdbewohner in der Zukunft vor den Gefahren der Endlager gewarnt werden sollten. Der Vorschlag des Arbeitskreises: Auf diesen Standorten sollten große Obelisken angeordnet werden – verziert mit Warnhinweisen in den sechs Uno-Sprachen und Zeichnungen von den Folgen atomarer Verseuchung. Seinerzeit wurde diese Idee nicht sonderlich ernst genommen – wie das ganze Fachgebiet lange Zeit insgesamt. Die Vorschläge der Wissenschafter waren schließlich häufig sehr bizarr. Das zeigte auch eine Umfrage, die der Vorreiter der Disziplin im deutschsprachigen Raum, der Semiotikprofessor Roland Posner von der TU Berlin, 1984 durchführte: Der Mediziner und Science-Fiction-Autor Stanislaw Lem wollte die Warnung durch einen mathematischen Code, der auf lebendem Trägermaterial transportiert werden sollte, weitergeben.

Die Linguisten Françoise Bastide und Paolo Fabbri schlugen die Züchtung von „Strahlenkatzen“ vor, deren Fell sich in der Nähe von Atomabfällen verfärbt, während der Sozialwissenschafter Philipp Sonntag darüber nachdachte, Atomdatensätze auf einem künstlichen Mond im All zu speichern.

Atompriesterzirkel

Sebeok selbst steuerte sein Konzept von der „Atompriesterschaft“ bei – ein elitärer Zirkel, der das Wissen um die Gefahr über die Generationen rituell weitergibt. Er bezeichnete den Vorschlag später als Fehler, da er damit dazu beigetragen habe, die junge Disziplin früh der Lächerlichkeit preiszugeben.

Inzwischen bewegt sich auf dem lange Zeit als akademische Obskurität abgetanen Feld jedoch wieder etwas: So wird die derzeitige Einrichtung eines Endlagers in Schweden auch von zwei Archäologen der Linné-Universität in Kalmar betreut, die sich über die Kommunikation mit der Nachwelt Gedanken machen. In Frankreich wiederum arbeitet für die zuständige Endlagerbehörde ein Arbeitskreis von rund zwanzig Wissenschaftern bezüglich dieser Thematik, mit der sich vor einigen Jahren ebenso eine Studie des Instituts für nachhaltige Abfallwirtschaft in Zürich auseinandersetzte.

Und auch Sebeoks einst belächelter Vorschlag eines Monuments zur Strahlenwarnung wird bald Wirklichkeit: Am Endlager für Abfälle aus der amerikanischen Atomwaffenproduktion in New Mexico soll sein Konzept in weiterentwickelter Form umgesetzt werden: Wenn dieser Standort 2033 versiegelt wird, werden 32 sieben Meter hohe Monolithen das Gelände abstecken – mit einem Informationszentrum über die atomare Gefahr in der Mitte.

(Der Standard vom 30.08.2016)

Kontexte ermitteln

Jemand hat ein Buch gelesen und stellt es nun in sein Regal. Welche Möglichkeiten gibt es? Man könnte das Buch einfach auf den nächstbesten freien Platz stellen. Solange man nur wenige Bücher hat, mag das gehen, doch dieses Verfahren stößt schnell an Grenzen. Eine andere Möglichkeit besteht darin, alle Bücher alphabetisch nach ihren Autorinnen und Autoren anzuordnen. Das setzt aber zum einen voraus, dass man sich alle Autoren und Autorinnen merkt; zum anderen kann es bei diesem Verfahren dazu kommen, dass ein Lyrikband zwischen einem Pasta-Kochbuch und einem Ägyptenreiseführer steht, nur weil die Autoren zufällig alle mit „B" beginnen.

6.1 **Sie möchten eine auf Belletristik spezialisierte Buchhandlung eröffnen. Planen Sie in Gruppen, wie man die verschiedenen Bücher sinnvollerweise anordnen könnte. Zeichnen Sie einen Plan Ihrer Buchhandlung und schreiben Sie hinein, wo Sie was unterbringen würden (z. B. „Erzählende Literatur aus Österreich" oder „Historische Romane"). Stellen Sie anschließend Ihre Arbeitsergebnisse in der Klasse vor.**

6.2 **Lesen Sie die Texte von Durs Grünbein und Ingeborg Bachmann. Wo würden Sie diese Texte bzw. die entsprechenden Bücher dazu in Ihrer Buchhandlung unterbringen?**

6.3 **Lesen Sie noch einmal erschließend das Gedicht „Belebter Bach" von Durs Grünbein.**

- **a** Richten Sie die Fragen zur Kontextualisierung (siehe Wissensbox) an das Gedicht; notieren Sie stichwortartig Ihr Wissen bzw. Ihre Ideen.
- **b** Kontextualisieren Sie das Thema des Gedichts (siehe Wissensbox); prüfen Sie insbesondere, ob und ggf. wie sich das Thema auf andere Bereiche übertragen lässt.
- **c** Notieren Sie ggf. offene Fragen.
- **d** Erstellen Sie ein Ideencluster zum Gedicht; notieren Sie hier auch Ihre (ersten) Leseeindrücke und Einfälle (auch mit Blick auf die Form und die Sprache des Gedichtes).

Argumentationskompetenz Sachkompetenz Schriftliche Kompetenz

6.4 **Strukturieren Sie Ihre Vorarbeiten zum Gedicht „Belebter Bach“ in Form einer Mindmap. Ergänzen Sie Ihre Mindmap um Belege und/oder Beispiele und stellen Sie Ihr Ergebnis in der Klasse vor; besprechen Sie Ihre Mindmap mit Ihren Mitschülerinnen und Mitschülern.**

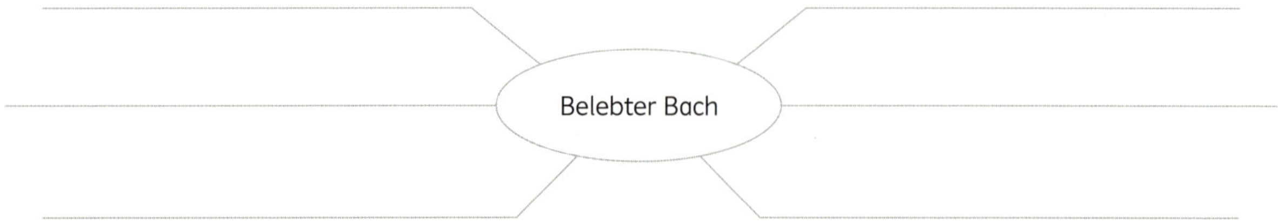

6.5 **Überlegen und suchen Sie in Gruppen weitere negative und positive Formulierungen, die sich auf offene Fragen (negativ formuliert: Wissenslücken) beziehen.**

negative Formulierungen	positive (offensive) Formulierungen
Leider weiß ich nicht, ob/wie X … Jetzt wäre es natürlich gut zu wissen, warum Y … Unklar ist mir Z. …	In einer weiter vertiefenden Beschäftigung mit dem Text wäre hier natürlich noch zu berücksichtigen, ob/wie X … …

W Eine wichtige Fähigkeit bei der Auseinandersetzung mit Texten und Themen besteht darin, diese im **eigenen Wissenshorizont an- bzw. einzuordnen**. Dies gilt für Ihr Lernen ebenso wie für die produktive Arbeit mit Texten und Themen im Rahmen von Klausuren.

Bei dieser Einordnung oder **Kontextualisierung** sollten Sie sich konkret fragen, was von dem, was Sie wissen, zu einem neuen Thema oder zu einem neuen Text passt.
Dabei können ganz unterschiedliche Aspekte eine Rolle spielen, **bei (literarischen) Texten** sind dies vor allem:

- Informationen über die Autorin/den Autor (Biografie, Absichten, andere Werke)
- Wissen über die Textsorte (Merkmale, Gattungsgeschichte), die Entstehungszeit (Epoche)
- vergleichbare Texte (aus anderen Epochen, von anderen Autorinnen und Autoren)
- Rezeption des Werkes (z. B. durch Kritiker/innen oder andere Autoren/Künstler/innen)
- thematische Assoziationen (auch zu nichtliterarischen Wissensgebieten)

Auch bei der **Kontextualisierung eines Themas** gibt es zahlreiche Aspekte; wichtige sind:

- gesellschaftliche (und historische) Bedeutung
- Folgen und Voraussetzungen eines Themas
- Übertragbarkeit eines Themas (Ist das Thema beispielhaft auch für andere Bereiche? Gibt es Parallelen zu anderen Bereichen?)
- übergeordneter Zusammenhang eines Themas

Beachten Sie: Außerhalb einer Klausur, wie z. B. der schriftlichen Matura, können Sie viele Kontexte von Texten und Themen einfach recherchieren; in einer Klausur müssen Sie natürlich mit Ihrem aktuellen Wissen auskommen. Umso wichtiger ist es daher, dass Sie alle Vorgaben, die Sie bekommen, ganz genau prüfen.

Um einen **Text** oder ein **Thema** in einer Klausur zu **kontextualisieren**, können Sie so vorgehen:

Schritt 1: Erschließen Sie den Text (vgl. Wissensbox Kap. 1); richten Sie dabei auch die Fragen zur Kontextualisierung (siehe oben) an den Text; notieren Sie außerdem, welche neuen Fragen sich aus dem Text ergeben.
Schritt 2: Erstellen Sie zu den zentralen Themen/dem zentralen Thema zunächst einen Ideencluster; untersuchen und hinterfragen Sie Ihre Assoziationen und Ideen: Warum sind die Begriffe wichtig? Welche Bezüge haben die Begriffe untereinander? Was ergibt sich aus ihnen?
Schritt 3: Erstellen Sie dann eine strukturierende Mind-Map Ihrer wichtigsten Ideen; die Mind-Map sollte die Bezüge zwischen den verschiedenen Begriffen abbilden.

Schritt 4: Beziehen Sie Ihre Mind-Map auf den Text bzw. überdenken Sie ihre Angemessenheit.
Schritt 5: Sammeln Sie zu den Ideen und Begriffen Beispiele, Belege und/oder (persönliche) Erfahrungen.
Schritt 6: Formulieren Sie Ihre Ideen schriftlich in (auch sprachlich) prägnanten Sätzen; prüfen Sie, welche Ihrer offenen Fragen Sie als Fragen bzw. offene Punkte an die Leserinnen und Leser weitergeben können (nicht immer ist es nötig, alles zu wissen und zu beantworten; Sie können auch zeigen, dass Sie ein Thema vertiefend überdacht haben, indem Sie eine relevante Frage stellen).

6.6 **Formulieren Sie die wesentlichen Aspekte Ihrer Kontextualisierung in prägnanten Sätzen schriftlich.**

6.7 **Erarbeiten Sie in der gleichen Weise das Gedicht „Freies Geleit“ von Ingeborg Bachmann.**

Einen Leserbrief schreiben

6.8 **Tauschen Sie sich in der Klasse darüber aus, ob, in welcher Form und warum Sie bereits schriftlich zu einem medialen Bericht Stellung genommen haben (z.B. in Form eines Kommentars auf der Internetseite einer Zeitung oder eines TV-Senders oder in Form eines Leserbriefes per E-Mail).**

6.9 **Besorgen Sie sich bundesweite „Qualitätszeitungen“ (z. B. Der Standard, Die Presse), „Boulevardzeitungen“ (z. B.: Kronen Zeitung, Österreich), überregionale Zeitungen (wie Salzburger Nachrichten, Oberösterreichische Nachrichten, Kleine Zeitung, Tiroler Tageszeitung) sowie Blätter aus Ihrer Region und schneiden Sie die Leserbriefseite heraus bzw. kopieren Sie diese. Untersuchen Sie gruppenweise jeweils eine Leserbriefseite.**

- **a** Prüfen Sie, ob die Briefe den formalen Anforderungen, wie sie in der Wissensbox dargestellt sind, gerecht werden. Wenn nicht, woran könnte das liegen?
- **b** Stellen Sie für die Briefe dieser Leserbriefseite dar, auf welche Aspekte jeweils Bezug genommen wird.
- **c** Bewerten Sie alle Briefe inhaltlich: Ist die Meinung jeweils erkennbar? Wie ist die Meinung begründet? Überzeugt Sie die Begründung oder werden Manipulationstechniken (vgl. Kap. 2) eingesetzt?
- **d** Bewerten Sie alle Briefe sprachlich: Sind die Briefe in einem sachlich-höflichen Stil gehalten? Wenn nicht, warum wohl?
- **e** Stellen Sie Ihre Arbeitsergebnisse am Beispiel eines Briefes vor. Diskutieren Sie in der Klasse, ob die Art des Leserbriefs etwas über die ganze Zeitung aussagt (und ggf. was).

6.10 **Sie sollen im Folgenden einen Leserbrief zum Text „Die Menschen verprassen ihre Ressourcen“ der „Salzburger Nachrichten“ schreiben (zwischen 270 und 330 Wörter). Lesen Sie zunächst diesen Beitrag und tauschen Sie sich über Ihre ersten Eindrücke mit Ihren Mitschülerinnen und Mitschülern aus.**

6.11 **Sammeln Sie gemeinsam mit einer Mitschülerin oder einem Mitschüler in einer Mindmap unterschiedliche Aspekte des Beitrags „Die Menschen verprassen ihre Ressourcen“, auf die Sie sich mit einem Leserbrief beziehen könnten. Tauschen Sie sich mit einer Mitschülerin oder einem Mitschüler über die gesammelten Aspekte aus.**

6.12

Wählen Sie zwei der von Ihnen gesammelten Aspekte (vgl. Aufgabe 6.11) aus und formulieren Sie zu diesem Aspekt jeweils ein vollständiges Argument (Sachverhalt aus dem Artikel benennen + Meinung dazu äußern + Meinung begründen bzw. belegen).

Aspekt 1

Aspekt 2

6.13

Erstellen Sie für Ihren Leserbrief einen kurzen (!) Schreibplan, aus dem deutlich hervorgeht, wie Sie Ihren Brief einleiten und beenden wollen; nennen Sie stichwortartig außerdem die zwei von Ihnen kommentierten Aspekte (samt Begründung und Belegen).

6.14

Schreiben Sie nun Ihren Leserbrief zum Beitrag „Die Menschen verprassen ihre Ressourcen" in den „Salzburger Nachrichten" vom 8. August 2016 (zwischen 270 und 330 Wörter). Lesen Sie abschließend den Brief zur Korrektur nochmals durch.

W **Leserbriefe** können als **Sonderform des offenen Briefs** (siehe Kap. 2) gelten, da sie zwar an die Redaktion einer Zeitung gerichtet sind, aber zugleich zur Veröffentlichung und damit für einen großen Kreis von Leserinnen und Lesern gedacht sind.
Inhaltlich nehmen Leserbriefe oft und in Aufgaben der schriftlichen Reifeprüfung immer auf einen Beitrag in einer Zeitung oder Zeitschrift Bezug; dieser Bezug kann unterschiedlich motiviert sein:

- Man stimmt einem Beitrag zu, widerspricht, ergänzt oder verbessert ihn.
- Man nimmt Bezug auf die Form des Beitrags (d. h. man lobt oder kritisiert die Sprache, die Argumentation, die Bildillustration, …).
- Man nimmt das Thema eines Beitrags zum Anlass für eine eigene thematische Stellungnahme.

Achten Sie deshalb besonders genau auf die Aufgabenstellung.

Formal unterscheiden sich Leserbriefe nicht von formellen Briefen, d. h.:
- Geben Sie im Briefkopf Ihre Adresse und die der Zeitungsredaktion an und nennen Sie Ort und Datum.
- In der Betreffzeile nennen Sie den Beitrag, auf den Sie sich beziehen (z. B.: Beitrag „Die Menschen vergessen ihre Ressourcen“ aus den „Salzburger Nachrichten“ vom 8.8.2016).
- In der Anrede können Sie sich, wenn namentlich erwähnt, direkt an die Autorin bzw. den Autor wenden (also z. B.: „Sehr geehrte Frau xy!“), sonst schreiben Sie an die Redaktion („Sehr geehrte Damen und Herren!“)
- Verwenden Sie „Mit freundlichen Grüßen“ als Schlussgruß.

Darüber hinaus gilt:
- Schreiben Sie sachlich und höflich; verwenden Sie österreichische Standardsprache (Abweichungen davon müssen sich inhaltlich rechtfertigen lassen).
- Je kürzer ein Leserbrief ist, desto höher ist die Wahrscheinlichkeit, dass er (vollständig) abgedruckt wird; in Klausuren sollten Sie sich natürlich an die Vorgaben (also z. B. 270 bis 330 Wörter) halten.
- Selbstverständlich darf ein Leserbrief nicht gegen geltendes Recht verstoßen (z. B. indem Sie zu einer Straftat aufrufen); dazu gehört insbesondere die Wahrung von Rechten Dritter (Sie dürfen also keine Privatperson namentlich erwähnen, also nicht: „Auch mein bester Freund, Alfons Anschober aus Lienz, ist dieser Meinung!“).

Beim **Schreiben eines Leserbriefes** können Sie so vorgehen, wie dies in Kap. 2 dargestellt ist. Beachten Sie dabei, dass es in Leserbriefen meist um eine **Argumentation** (vgl. ebenfalls Kap. 2) geht.

Matura-Aufgaben

6.15

Der Standard: *Studie: Ersatz von Palmöl kann Umweltprobleme verschärfen*
Diagramm: *Palmöl – Nutzung weltweit*

Verfassen Sie eine Erörterung.

Lesen Sie den Text „Studie: Ersatz von Palmöl kann Umweltprobleme verschärfen“ aus dem „Standard“ (S. 49 f.) und betrachten Sie das Diagramm „Palmöl – Nutzung weltweit“ (S. 49).

Verfassen Sie nun die **Erörterung** und berücksichtigen Sie dabei die folgenden Arbeitsaufträge:
- Fassen Sie die aus der Verwendung von Palmöl resultierenden Probleme zusammen.
- Diskutieren Sie, ob die Verwendung von Palmöl in Österreich verboten werden sollte. Stellen Sie dabei direkte Bezüge zu den Materialien her.
- Stellen Sie abschließend Ihre Meinung zur Frage, ob die Verwendung von Palmöl in Österreich verboten werden sollte, dar.

Schreiben Sie zwischen 540 und 660 Wörter. Markieren Sie Absätze mittels Leerzeilen.

6.16

Johannes Lau: *Strahlenwarnung für die Menschen der Zukunft*

Verfassen Sie einen Leserbrief.

Situation: Sie haben in der Zeitung den Text „Strahlenwarnung für die Menschen der Zukunft“ von Johannes Lau gelesen und möchten sich in Form eines Leserbriefs zum Inhalt des Zeitungsartikels äußern.

Lesen Sie den Text „Strahlenwarnung für die Menschen der Zukunft“ von Johannes Lau (S. 50 f.).

Verfassen Sie nun den **Leserbrief** und berücksichtigen Sie dabei die folgenden Arbeitsaufträge:
- Fassen Sie die zentrale Aussage des Textes „Strahlenwarnung für die Menschen der Zukunft“ von Johannes Lau kurz zusammen
- Nehmen Sie begründet Stellung zum Inhalt, der Intention oder der Wirkung des Textes „Strahlenwarnung für die Menschen der Zukunft“.

Schreiben Sie zwischen 270 und 330 Wörter. Markieren Sie Absätze mittels Leerzeilen.

b4yv43 SPRACHRAUM 7

Ich und die anderen

In einer Gesellschaft lebt jeder Einzelne notwendig immer auch mit anderen zusammen (im Staat ebenso wie am Teetisch). Es gilt dabei, eigene Interessen zu wahren und durchzusetzen, aber auch andere zu respektieren und vielleicht für sich zu gewinnen. Das Leben in der Gesellschaft ist so der Situation des Redners vergleichbar …

Manfred Perterer:

Warum dürfen wir nicht so leben, wie wir wollen?

Dogmatiker mit erhobenem Zeigefinger sagen uns, was wir tun und lassen sollen. Mit zunehmend geringerem Erfolg.

Der Kulturtheoretiker Robert Pfaller hat den Begriff der „maßlosen Mäßigung“ geprägt. Er bezieht sich auf den griechischen Philosophen Epikur (341 bis 271 v. Chr.), der gesagt hat, man müsse mit der Mäßigung maßvoll umgehen, weil sie sonst zum Exzess wird. Die These Pfallers lautet sinngemäß: Unsere Gesellschaft hat die Leichtigkeit des Seins verlernt, kann kaum noch genießen und sich nicht mehr richtig freuen. Alles wird ständig hinterfragt, jede positive Gemütsregung wird unter den Röntgenschirm der politischen Korrektheit gelegt. Verzicht und Trübsal sind Lebensmaximen geworden und jedes Durchbrechen der asketischen Demarkationslinie wird mit schlechtem Gewissen bestraft.

Die politischen Vertreter der maßlosen Mäßigung sind vom Glauben besessen, genau zu wissen, wie wir leben sollen. Es vergeht kein Tag, an dem wir nicht mit in Gesetze gegossenen Appellen an eingeimpften Wertvorstellungen überschüttet werden. Die Besserwisser sagen uns nicht nur, wie wir leben sollen, sie schreiben es uns auch vor. Und sie sagen es uns ordentlich hinein, wenn wir uns nicht daran halten. Notwendige Verbesserungen werden nicht positiv argumentiert, sondern mit negativen asketischen Gedanken aufgeladen.

Nehmen wir das Beispiel Mobilität. Wer auch nur ein vorläufiges Bekenntnis zum normalen Auto abgibt, wird als rücksichtslos abgestempelt und dem Shitstorm preisgegeben. Die Sorge um die Um- und Nachwelt ist berechtigt, aber der offen zur Schau getragene Dogmatismus erreicht bei den Menschen das Gegenteil.

Wie wäre es damit, den Spieß umzudrehen. Nicht zu sagen: Wenn ich einen Diesel fahre, bin ich ein schlechter Mensch. Sondern: E-Mobility ist cool und sexy, wer elektrisch fährt, ist vorn. Wir brauchen einen Paradigmenwechsel, weg von der negativen Darstellung hin zur positiven. Das gilt vor allem für den öffentlichen Verkehr. Niemand wird zum Öffi-Fan, nur weil die Politik den Individualverkehr verdammt, verteuert und behindert. Bus und Tram müssen endlich so attraktiv gestaltet werden, dass jeder gern umsteigt.

Ähnliches beobachten wir im Lebensmittelbereich. Wer gern Fleisch isst, dem wird ein schlechtes Gewissen gemacht. Er trägt Schuld am Leid von Rind und Schwein und an der Überfrachtung der Atmosphäre mit CO2. Mit der Tierschutzkeule wurde jedoch noch nie ein überzeugter Fleischesser umgedreht. Wie wäre es damit, ihn von den Vorzügen einer ausgewogenen Ernährung zu überzeugen?

Die Grünen in Deutschland haben mit ihrem Plan, den Bürgern einen fleischlosen Tag pro Woche zu verordnen, Schiffbruch erlitten. Die Menschen folgen Verbotsappellen nicht.

Diejenigen, die uns jeden Tag aufs Neue sagen, wie wir zu leben haben, wollen uns vieles austreiben: Ölheizungen, Zigaretten, Fleisch, Bier mit Alkohol, schnelle Autos, Butter, Flugzeuge, Feuerwerke, Kleidung aus Asien, das Häuschen im Grünen, Zweitwohnungen, Barzahlen, Glühbirnen und vieles mehr. Der erhobene Zeigefinger wird von den Bürgern immer öfter mit einem anderen Finger beantwortet. Wir lassen uns gern von guten Politikern regieren. Wir lassen uns auch sagen, was gut für die Welt ist. Nur müssen wir zuerst davon überzeugt werden. Nur mit positiven Argumenten können wir ins Boot geholt werden. Wer Raucher als asoziale Elemente beschimpft, wird sie nicht vom Glimmstängel wegbringen.

Wer Häuslbauern den Eindruck vermittelt, sie seien rücksichtslose Bodenschmarotzer auf Kosten der Allgemeinheit, wird damit niemanden für eine Genossenschaftswohnung begeistern. Das heißt nicht, dass man den Traum vom Häuschen im Grünen, den immerhin 75 Prozent aller Österreicherinnen und Österreicher haben, auch mit Steuergeld fördern soll, so wie dies viel zu üppig in Salzburg geschehen ist. Aber die Lebensform Einfamilienhaus sollten wir

dort akzeptieren, wo sie auch angemessen umgesetzt werden kann.
Warum dürfen wir nicht so leben, wie wir wollen? Weil ein gutes Miteinander Regeln braucht und diese Regeln der Freiheit Grenzen setzen. Das ist auch gut so. Doch das geht auch ohne Dogmatismus, dafür mit einem Schuss mehr Pragmatismus und konstruktiver Überzeugungskraft.

(Salzburger Nachrichten, 30.7.2016)

Heinrich Heine: Lyrisches Intermezzo (1823)

Sie saßen und tranken am Teetisch,
Und sprachen von Liebe viel.
Die Herren waren ästhetisch,
Die Damen von zartem Gefühl.

Die Liebe muß sein platonisch,
Der dürre Hofrat sprach.
Die Hofrätin lächelt ironisch,
Und dennoch seufzet sie: Ach!

Der Domherr öffnet den Mund weit:
Die Liebe sei nicht zu roh,
Sie schadet sonst der Gesundheit.
Das Fräulein lispelt: Wieso?

Die Gräfin spricht wehmütig:
Die Liebe ist eine Passion!
Und präsentieret gütig
Die Tasse dem Herrn Baron.

Am Tische war noch ein Plätzchen;
Mein Liebchen, da hast du gefehlt.
Du hättest so hübsch, mein Schätzchen,
Von deiner Liebe erzählt.

Joesi Prokopetz: Der Plan

Die folgende Rede wurde im Juni 1993 anlässlich der Besetzung des Baustellengeländes durch Hunderte Menschen gehalten, die den Bau einer Schnellstraße im Ennstal, der „Ennsnahen Trasse“, verhindern wollten. Die Trasse konnte schließlich – nach rund zwanzig Jahren juridischer und aktionistischer Arbeit – durch Umweltgruppen (Bauern, Naturschutzbund, WWF, Greenpeace, Global 2000) und viele „einfache“ Bürgerinnen und Bürger des Tales gestoppt werden.

Natürlich: Hier und heute geht es um die Ennstalstraße. Aber in Wahrheit geht es hier und heute genauso um den Regenwald, um das Ozonloch, um den Walfang, um den Treibhauseffekt und um die Überdüngung in der Landwirtschaft, um die Abgase und den ganzen Rest. Es geht um alles in der Welt.
Man muss den Menschen – und ich spreche von Herrn und Frau Österreicher, die mehr Sorgen um ihre Bausparverträge haben und dass ihnen ja keiner die Vorfahrt wegnimmt –, in diese Köpfe, in denen ohnehin viel Platz ist, in diese Köpfe muss das hinein, dass es um alles in der Welt geht.
Es geht nicht um die Ennstalstraße allein: „Denn“, so argumentiert der Österreicher gern, „die Großglockner Hochalpenstraße hom´s a baut und mia lebn olle no!“ Nein, es muss Klarheit herrschen darüber, dass es nicht um Verhinderung von Einzelprojekten oder regionale Anliegen geht, nein, es geht immer um alles in der Welt. Und da sind wir angehalten, alle zur Verfügung stehenden Kommunikationstechniken, die uns Werbung und PR vormachen, zu nutzen, um dieses Bewusstsein zu erreichen. Aufzuwecken mit allen Mitteln. Ohne Rücksicht auf ideologische Hoppalas, die in den Reihen derer existieren mögen, die unter uns die Eifrigsten sind. Die Skrupellosigkeit kann man nicht mit der feinen Klinge besiegen. Ihr schlagt uns mit dem Holzhammer, wir schlagen zurück. Wenn es möglich war, die Menschen davon zu überzeugen, dass ihr eigener Geruch etwas ist, das man mit Sprays wegmachen muss und unter den Achseln so zu riechen hat, wie es die Unilever will, dann muss man doch zumindest erreichen können, dass den Menschen das Dragee-Keksi im Hals steckenbleibt, wenn der Fernsehsprecher in routinierter Distanziertheit über 100 000e Tonnen Rohöl spricht, die in schöner Regelmäßigkeit ins Meer rinnen. Wir müssen erreichen, um wieder auf die Achselsprays zurückzukommen, dass wir nicht sagen: „Pfui Teufel, wir stinken alle und spritz, spritz, duft, duft, weg damit“, sondern wir müssen sagen: „Alle sprechen von Körpergeruch – ich habe ihn.“
Die Menschen müssen verstehen, dass es nicht gelangweilte Arbeitslose oder Vertreter merkwürdiger Randgruppen sind, die sich anketten lassen, um die Ennstalstraße zu verhindern, sondern solche, die wissen, dass es um alles in der Welt geht. Und die Ennstalstraße ist eben ihre Front, an der sie kämpfen. Wir müssen vitales Interesse schaffen in den Köpfen derer, die nur an Fressen, Saufen und Große-Haufen-Scheißen denken; daran, ob sie ihren Opel Calibra 15 oder 20 cm tiefer legen lassen sollen oder ob der Hans Krankl wirklich der bestangezogene Mann im Wohnpark Alt Erlaa war. Interesse, das Klarheit schafft, dass es ohne die Welt auch keinen Opel Calibra gibt und schon gar keinen Hans Krankl.
Die Ennstalstraße ist um nichts harmloser als das Ozonloch oder die Vernichtung des Regenwaldes, denn sie ist zwar vielleicht nur das Triangel im Orchester, das der Welt den Trauermarsch spielt, aber wenn das Triangel

ausfällt, dann verpasst vielleicht die große Pauke ihren Einsatz, darauf vergisst die Basstuba den tiefen Ton des Unterganges zu blasen und der Dirigent des Auslöschungsorchesters bekommt den Veitstanz und macht Harakiri vermittels seines Taktstockes.

Also, lassen wir die Ennstalstraße in den Bankkonsortien und in den Kanzleien fortschrittshysterischer Plutokraten als gescheitertes Projekt verkümmern und tun wir getrost einen Schritt rückwärts, um morgen noch zwei nach vorn machen zu können.

Denn heute geht es um alles in der Welt.

Aufgabenstellungen erfassen, Texte planen

7.1

Lesen Sie die folgende Aufgabenstellung und untersuchen Sie sie nach der in der Wissensbox vorgeschlagenen Schrittfolge (Arbeitsauftrag lesen und zerlegen, Operatoren hervorheben, …). Diskutieren Sie anschließend Ihre Auswertungsergebnisse in der Klasse.

Aufgabenstellung

Ihre Tante Elisabeth hat Ihnen einen Brief geschrieben, in dem Sie Ihnen – nach bestandener Matura – einen Reisekostenzuschusss von 250 € für eine Matura-Reise als Belohnung versprochen hat. Ohne weiteren Kommentar hat sie dem Brief Kopien der Gedichte von Andrea Sailer und Gottfried Benn (S. 24) beigelegt. Schreiben Sie der Tante einen Dankesbrief (zwischen 270 und 330 Wörter), in dem Sie deutlich machen, dass Sie verstanden haben, was Ihre Tante Ihnen mit den Gedichten sagen wollte, und in dem Sie Ihre Auffassung von einer richtigen Matura-Reise begründet darlegen.

Analyseergebnisse Arbeitsauftrag: ....

7.2 **Lesen und besprechen Sie den Zeitungsartikel „Warum dürfen wir nicht so leben, wie wir wollen?" von Manfred Perterer. Arbeiten Sie in Kleingruppen. Entwerfen Sie anschließend in der Gruppe eine mögliche Aufgabenstellung für eine Textanalyse zu diesem Zeitungsartikel. Legen Sie Ihre Aufgabenstellungen der ganzen Klasse vor und erläutern Sie die Wahl der Operatoren. Lassen Sie sich von Ihren Mitschülerinnen und Mitschülern ein Feedback darüber geben, ob sie die Aufgabenstellungen so verstanden haben, wie Sie sie gedacht hatten.**

7.3 **Überprüfen Sie in anderen Schulbüchern aus anderen Fächern (z. B. eine Kleingruppe pro Fach), ob Ihnen eine Analyse von komplexeren Aufgabenstellungen auch dort weiterhilft. Tauschen Sie sich über Ihre Ergebnisse aus.**

W Die **Analyse der Aufgabenstellung** ist für eine erfolgreiche Klausur von zentraler Bedeutung, und zwar aus drei Gründen:

- Die Aufgabenstellung benennt, was im Einzelnen zu tun ist.
- Die Aufgabenstellung stellt einen Bezug zum Materialteil (Textteil) her.
- Die Aufgabenstellung enthält in der Regel (verdeckte) Hinweise auf zentrale Untersuchungsaspekte.

Die meisten Aufgabenstellungen sind mehrteilig, d. h. sie verknüpfen mehrere Arbeitsaufträge miteinander. Die Arbeitsaufträge im engeren Sinne lassen sich auf Befehlsformen von Verben reduzieren, die so genannten **Operatoren**; dabei lassen sich drei Anforderungsniveaus unterscheiden:

- **Anforderungsniveau I:** Hier geht es darum, bestimmte Informationen zu erkennen und wiederzugeben (Operatoren wie *(be)nennen, zusammenfassen, wiedergeben, beschreiben*).
- **Anforderungsniveau II:** Dieses Niveau setzt eine Transfer- oder Verknüpfungsleistung durch Sie voraus, d. h. Sie sollen unterschiedliche Informationen innerhalb eines Textes oder aus verschiedenen Texten gemeinsam betrachten (Operatoren wie: *charakterisieren, vergleichen, erklären, einordnen, erschließen*).
- **Anforderungsniveau III:** Hier ist immer Ihre eigene begründete Meinung und damit eine Kontextualisierung (vgl. Kap. 5) gefragt (Operatoren wie *begründen, bewerten, (kritisch) Stellung nehmen, gestalten, (über)prüfen, sich (kritisch) auseinandersetzen mit, erörtern, appellieren, interpretieren*).

Um einen **Text oder** ein **Thema** in einer Klausur zu **kontextualisieren**, können Sie so vorgehen:

Schritt 1: Lesen Sie den Arbeitsauftrag und zerlegen Sie ihn so in kurze Hauptsätze, dass jeder Hauptsatz nur einen Operator enthält.
Beispiel:
Analysieren Sie den Text des Dalai Lama „An alle, die glücklich sind" schriftlich. Geben Sie in diesem Zusammenhang die Hauptgedanken des Dalai Lama wieder und bewerten Sie die Schlüssigkeit seiner Argumentation.

- 1. Text „An alle, die glücklich sind" <u>des Dalai Lama</u> schriftlich analysieren
- 2. Hauptgedanken <u>des Dalai Lama</u> wiedergeben
- 3. Schlüssigkeit der Argumentation <u>des Dalai Lama</u> bewerten

Schritt 2: Heben Sie zu jedem Operator den Bezug auf das Ausgangsmaterial (falls vorhanden) oder Ihr eigenes Wissen bzw. Ihre eigenen Erfahrungen hervor (siehe oben die Unterstreichungen „<u>des Dalai Lama</u>").

Schritt 3: Weisen Sie den verschiedenen Operatoren einen Anforderungsbereich zu. Achten Sie in diesem Zusammenhang besonders auf weitere Angaben (wie „Erläutern Sie <u>kurz</u>", „Stellen Sie <u>ausführlich</u> dar" usw.).

7.4 **Lesen und analysieren Sie das „Lyrische Intermezzo" von Heinrich Heine. Lesen Sie anschließend den folgenden Schreibplan einer Schülerin für eine Interpretation.**

a Bewerten Sie den Schreibplan nach den in der Wissensbox genannten Kriterien.

b Überprüfen Sie aufgrund Ihrer eigenen Analyseergebnisse die Darstellung der Schülerin inhaltlich.

c Ergänzen bzw. verbessern Sie den Schreibplan gegebenenfalls.

Einleitung	▪ Heinrich Heines Gedicht von 1828 als Kritik an der Oberflächlichkeit und Heuchelei seiner Zeit ▪ Überleitung zur Inhaltszusammenfassung
Hauptteil	▪ fünf Strophen (mit je vier Versen) ▪ Strophe 1: als Einleitung, Handlungssituation wird geschildert: sitzen am Teetisch, zwanglose Konversation („und sprachen von Liebe viel"), die Herren werden ausdrücklich als „ästhetisch" gekennzeichnet ▪ Strophen 2 bis 4: die Dialoge entlarven die Beteiligten: ▪ - den dürren Hofrat (also eher wenig „ästhetisch") , für den offenbar nur noch platonische Liebe möglich ist, und die Hofrätin, die die Haltung ihres Mannes offiziell bedauert; ▪ - den großsprecherischen Domherrn (und, ebenfalls wenig „ästhetisch", mit weit offenem Mund), der offenbar eine Liaison mit dem lispelnden, wenig intelligenten Fräulein hat; ▪ - die Gräfin, die nur noch wehmütig von der Liebe als Passion spricht und ansonsten ihren Mann bemuttert. ▪ Gedichtaussage ironisch gebrochen, was besonders in Strophe 5 deutlich wird durch die drei Diminutive „Plätzchen", „Liebchen" und „Schätzchen": Weder hat das „Liebchen" tatsächlich gefehlt noch wäre seine Erzählung von den übrigen Beteiligten der Teetischrunde als „hübsch" empfunden worden. Vielmehr darf das Gegenteil angenommen werden: Indem das „Liebchen" von den Freuden der Liebe erzählt hätte, hätte sie die Beteiligten brüskiert (damit ist auch klar, was der Sprecher im Gedicht unter Liebe versteht, nämlich einen sinnlich-erotischen Genuss)
Schluss	▪ Kritik Heines zielt erkennbar auf die Oberschicht, die er mit seiner pointierten und ironisch gebrochenen Darstellung entlarvt ▪ Text passt in die Zeit: Europa nach dem Wiener Kongress am Vorabend der Juli-Revolution in Frankreich

W Haben Sie die Aufgabenstellung untersucht und die Ausgangsmaterialien erschlossen bzw. analysiert (interpretiert), sollten Sie nicht einfach anfangen zu schreiben, sondern einen **Schreibplan erstellen**. Schreibpläne unterscheiden sich natürlich je nach der von Ihnen verlangten Textsorte, in allgemeiner Form lässt sich ein Schreibplan z. B. für einen Interpretationsaufsatz folgendermaßen darstellen:

Die **Einleitung** führt zum Spezifischen des Textes und zur eigenen Deutung hin, z. B.: Thema des Textes, zentrale Motive, auffällige Textmerkmale, Bezug zur eigenen Lebenswelt …

Der **Hauptteil** enthält eine schlüssige Interpretation
- klare These zur Deutung des Textes
- Stützung der Deutung durch die
  - sachlich richtige Beschreibung des Textes (d. h. die Aspekte der Textanalyse: Achten Sie dabei auf eine korrekte Verwendung der Fachbegriffe.)
  - nachvollziehbare Darstellung des Zusammenhangs zwischen der Deutung und den Erschließungsaspekten (Achten Sie darauf, dass Sie die Erschließungsergebnisse angemessen gewichten und durch den Text, d. h. durch Belege und Zitate, stützen.)
  - die nachvollziehbare und sachlich richtige Darstellung möglicher Zusammenhänge zwischen Ihren Untersuchungsergebnissen und dem Kontext (z. B. der Biografie des Autors/der Autorin oder der Epoche).

Der **Schluss** greift die Deutung des Textes auf, z. B. in Form einer Zusammenfassung, der persönlichen Bewertung, der Hervorhebung einzelner Untersuchungsaspekte.

Beachten Sie, dass Sie Ihren Text so planen, dass sich ein **roter Faden** ergibt. Insbesondere sollte zwischen der Einleitung und dem Schlussteil eine (gedankliche) Verbindung stehen. Machen Sie sich deshalb stets zuerst klar, worauf Sie mit Ihrem Text hinauswollen (d. h. wie der Schluss aussehen soll). Sie können dann vom Schluss ausgehend Ihren Text gewissermaßen rückwärts planen. Lassen Sie sich Zeit für Ihre Schreibplanung: Für alle

Klausuren hat sich die Zeiteinteilung nach der **2-3-1-Formel** bewährt, d. h. dass Sie für die Planung Ihres Textes und die Analyse der Ausgangstexte etwa **2** von sechs Zeiteinheiten (also ein Drittel der Zeit, bei einer dreistündigen Klausur also rund eine Stunde), für das eigentliche Schreiben **3** von sechs Zeiteinheiten (also die Hälfte der Zeit, bei einer dreistündigen Klausur also rund eineinhalb Stunden) und für die Korrektur bzw. Überarbeitung etwa **1** von sechs Zeiteinheiten (also bei einer dreistündigen Klausur rund 30 Minuten) verwenden sollten.

7.5 **Überprüfen Sie, ob und inwieweit sich der allgemeine Schreibplan aus der Wissensbox auch auf andere von Ihnen bereits erarbeitete Matura-Textsorten (also z. B. auf Kommentare) übertragen lässt.**

7.6 **Besprechen Sie mit Ihren Mitschülerinnen und Mitschülern, welche Probleme sich ergeben können, wenn man größere Schreibaufgaben ohne Schreibplan bearbeitet. Halten Sie die Vorteile eines Schreibplans schriftlich fest:**

Vorteile Schreibplan
▪ ▪ ▪ ▪

Eine Rede schreiben

7.7

Sammeln Sie in der Klasse möglichst viele Redearten (bzw. Redeanlässe).

a Besprechen Sie mit Ihren Mitschülerinnen und Mitschülern, was Sie von solchen Reden erwarten bzw. worauf es bei Ihnen ankommt. Halten Sie Ihre Ergebnisse stichwortartig in einer Übersicht fest.

Redensarten	Merkmale (worauf es ankommt)
▪ Grabrede	gehobener Stil, Würdigung einer verstorbenen Person, direkte Ansprache an die Hinterbliebenen, …
▪ Neujahrsansprache	…
…	

b Unterscheiden Sie bei den von Ihnen gesammelten Redearten zwischen solchen Reden, die Sie in naher Zukunft vielleicht auch einmal halten könnten, und solchen, auf die dies nicht zutrifft. Vertiefen Sie Ihre Suche nach Redearten auf solche, die für Sie vielleicht bald aktuell sein könnten, und ergänzen Sie Ihre Übersicht.

W **Reden** gehören zu den Textsorten, die zwischen Schriftlichkeit und Mündlichkeit angesiedelt sind. Reden werden in der Regel schriftlich vorbereitet, orientieren sich dabei aber insofern am mündlichen Sprachgebrauch, als die vorgetragene Rede für die Zuhörerinnen und Zuhörer natürlich gut verständlich bleiben sollte.

Reden können sich je nach Anlass bzw. Zweck in der Länge, dem Aufbau und der Sprache erheblich unterscheiden; bereits in der Antike unterschied man als Hauptgruppen Gerichtsrede, Beratungsrede bzw. politische Rede und die Lob- und Festrede; heute sind die Redeanlässe noch vielfältiger. Es ist für das Schreiben einer Rede deshalb besonders wichtig, dass Sie Anlass bzw. Zweck der von Ihnen zu schreibenden Rede genau untersuchen. In der Regel wird es dabei so sein, dass Sie nur zu solchen Anlässen eine Rede schreiben sollen, die zumindest theoretisch in Ihrer jetzigen Lebenssituation auch einmal eintreffen könnten (also keine Aufgabenstellungen wie: „Stellen Sie sich vor, Sie sind Bundespräsident bzw. Bundespräsidentin und halten anlässlich …“).

Beim **Schreiben einer Rede** können Sie so vorgehen:

Schritt 1: Erschließen des Ausgangstextes (bzw. des Themas/des Problems, um das es in dem Text geht: Hauptaussagen und -argumente)
Schritt 2: Erschließen der Aufgabenstellung
- Redeanlass: Was erfahre ich in der Aufgabenstellung über Anlass bzw. den Zweck der Rede? Aus welchem Grund soll ich also zu wem mit welchem Ziel sprechen?
- Redesituation: Welche Hinweise erhalte ich auf Ort, Zeit und Dauer (Umfang) der Rede? Wer soll im Publikum sein? Gibt es ggf. andere Besonderheiten zu berücksichtigen?
- Redeform: Gibt es spezielle Vorgaben (z. B. „pointierte Rede“, „sachliche Rede“)? Welche Form entspricht üblicherweise dem Anlass und der Situation?

Schritt 3: Stoffsammlung erstellen
- aus dem Ausgangstext (Argumente bzw. Aspekte, die man bestätigen, relativieren, hinterfragen, widerlegen kann; Hinweise auf die Situation und ihren Kontext; Hinweise auf übergeordnete Zusammenhänge; …)
- aus der Aufgabenstellung: Die Aufgabenstellung enthält in der Regel wichtige Hinweise darauf, welche Aspekte wichtig sein könnten, vor allem indem auf übergeordnete Zusammenhänge oder andere bzw. neue Sichtweisen aufmerksam gemacht wird.
- aus Ihrem Sachwissen: Hier gehen Sie im Prinzip wie bei der Stoffsammlung zu einer Erörterung (vgl. SR 5) vor, d. h. Sie hinterfragen das Thema (den Anlass) Ihrer Rede vor dem Hintergrund Ihrer eigenen Erfahrungen.

Schritt 4: Rede planen; bei der Erstellung des Schreibplans sollten Sie insbesondere auf folgende Aspekte achten:
- Redenaufbau/-ablauf: Hauptteile der Rede (Einleitung, Hauptteil, Schluss), Binnengliederung des Hauptteils durch thematische Entfaltung, Themenwechsel, chronologische Gliederung, Argumentation
- Redestrategien: Hier sollten Sie vor allem sogenannte offene Strategien einsetzen, z. B.: Information, Kritik und Selbstkritik, Offenlegung der Ziele, Offenlegung von Maßstäben, rationale Argumentation, Beruhigung; Lob, Ermutigung; Rat, Dank, Brückenbauen, Konsensfindung, Angebot; Vermittlung; Mahnung. – Vermeiden (bzw. nur nach reiflicher Überlegung einsetzen) sollten Sie kämpferische Strategien, z. B.: Aufwertung der

Wir-Gruppe, Abwertung der Gegner, Polarisierung durch Freund- und Feindbilder, Verdächtigungen, Beschwichtigung, Desinformation, Verharmlosung, Emotionalisierung, Diffamierung, Umdeutung und Verzerrung anderer Positionen, Drohung, Kampfansage, Sündenbock-Methode, Schuldzuweisung
- Redewirkung: Wollen Sie durch Ihre Rede Gefühle wecken (z. B. Angst oder Vertrauen)? Wenn ja, welche?
- Einsatz stilistisch-rhetorischer Mittel (z. B. Klimax, Antithesen, Parallelismen usw.; vgl. SR 3): Hierbei geht es nicht darum, dass Sie möglichst viele rhetorische Mittel verwenden; prüfen sollten Sie aber, ob sich das, was sie an zentralen Stellen sagen, nicht noch pointierter, anschaulicher oder treffender sagen lässt. Die rhetorischen Mittel können Ihnen hier für eine Rede vor allem als Formulierungsideen nützlich sein.

Schritt 5: Rede schreiben
Schritt 6: Überarbeiten der Rede (vgl. Kapitel 9)

7.8

Lesen Sie die Rede „Der Plan" von Joesi Prokopetz und bearbeiten Sie folgenden Teilaufgaben.

a Um welche Art von Rede (nach Anlass und Zweck) handelt es sich? Begründen Sie Ihre Einschätzung durch den Text.

b Wo weicht der Redetext von Ihren Erwartungen an diese Redeart ab? Begründen Sie wieder Ihre Einschätzung.

7.9

Analysieren und bewerten Sie die Rede „Der Plan" von Joesi Prokopetz nach diesen Gesichtspunkten. Machen Sie sich jeweils stichwortartige Notizen.

a Redenaufbau/-ablauf:

b Redestrategien:

c Einsatz stilistisch-rhetorischer Mittel:

7.10

Lesen Sie die folgende Aufgabenstellung und analysieren Sie diese (vgl. Kap. 6) insbesondere unter den nach der Aufgabenstellung genannten Aspekten.

Aufgabenstellung

Sie leben im Ennstal und haben in der Zeitung gelesen, dass es wieder Überlegungen gibt, die Ennsnahe Trasse nun doch zu bauen. Auch die Bürgerinitiative, die den Bau schon einmal verhindern konnte, hat sich wieder zusammengefunden. Schreiben Sie eine Rede (zwischen 540 und 660 Wörter), in der Sie Ihre Mitschülerinnen und Mitschüler dazu auffordern, sich den Aktivitäten der Bürgerinitiative anzuschließen. Sie können die Rede „Der Plan“ von Joesi Prokopetz zitieren bzw. darauf verweisen.

a Besprechen Sie, was „auffordern“ genau bedeutet. Grenzen Sie dazu die Bedeutung des Wortes gegen verwandte Wörter wie „bitten“, „empfehlen“ oder „raten“ ab.

b Welche Konsequenz für Sprache/Stil und Aufbau der Rede hat es, dass Sie sie vor Ihren Mitschülerinnen und Mitschülern halten sollen?

c Was bedeutet der Hinweis „Sie können in Ihrer Rede die Rede „Der Plan“ … zitieren bzw. darauf verweisen“?

d Besprechen Sie, welche Stellen sich unter den in der Aufgabenstellung genannten Voraussetzungen besonders für ein Zitat oder einen Verweis anbieten.

7.11

Erstellen Sie eine Stoffsammlung für Ihre Rede (vgl. Aufgabe 7.10). Kontextualisieren Sie (vgl. Kap. 5) insbesondere das Thema und die Textsorte und suchen Sie nach Anknüpfungspunkten zur Redesituation, d. h. prüfen Sie, ob und ggf. welche Anknüpfungspunkte es für eine solche Rede gibt, die auch Ihren Mitschülerinnen und Mitschülern bekannt und wichtig sein dürften.

7.12

Erstellen Sie einen Schreibplan für Ihre Rede. Prüfen Sie insbesondere, welche Redestrategien Sie einsetzen und wie Sie Ihre Rede sprachlich/stilistisch gestalten wollen. Verfassen Sie dann die Rede und lesen Sie diese abschließend nochmals zur Korrektur.

Matura-Aufgaben

7.13

Joesi Prokopetz: *Der Plan*

Verfassen Sie einen Leserbrief.

Situation: Die Rede „Der Plan" von Joesi Prokopetz ist mit den entsprechenden Hintergrundinformationen in der Zeitung unter der Rubrik „Heute vor x Jahren" abgedruckt worden. Sie haben die Rede dort gelesen und möchten sich in Form eines Leserbriefs dazu äußern.

Lesen Sie die Rede „Der Plan" von Joesi Prokopetz (S. 57 f.).

Verfassen Sie nun den **Leserbrief** und berücksichtigen Sie dabei die folgenden Arbeitsaufträge:

- Fassen Sie die Hauptaussage der Rede „Der Plan" zusammen.
- Nehmen Sie zu mindestens zwei von Ihnen selbstgewählten Aspekten begründet Stellung.

Schreiben Sie zwischen 270 und 330 Wörter. Markieren Sie Absätze mittels Leerzeilen.

7.14

Cartoon: *Liberté*

Verfassen Sie eine Meinungsrede.

Situation: Als Klassensprecherin bzw. Klassensprecher wurden Sie gebeten, sich bei einem lokalen Redewettbewerb zum Thema „Werte der Jugend" zu äußern. Zu Vorbereitung der Rede erhielten Sie von der Jury den Cartoon „Liberté" als Denkanstoß.

Betrachten und untersuchen Sie den Cartoon „Liberté" (S. 58).

Verfassen Sie nun die **Meinungsrede** und berücksichtigen Sie dabei die folgenden Arbeitsaufträge:

- Stellen Sie dar, welche Werte den Menschen Ihrer Generation wichtig sind.
- Berücksichtigen Sie hierbei, dass Wertvorstellungen einem historischen Wandel unterzogen sind.
- Beenden Sie Ihre Rede mit einem Appell an die Menschen Ihrer Generation.

Schreiben Sie zwischen 540 und 660 Wörter. Markieren Sie Absätze mittels Leerzeilen.

ei7p7f

Ungehorsam, Entrüstung, Widerstand

Mit einer Protestschrift gegen die Ungerechtigkeit in der Welt begeistert ein 93-Jähriger ganz Frankreich. Eine Million Mal hat sich das knapp 20-seitige Heft bereits verkauft. Der Titel: „Indignez-vous! - „Empört euch!" Der Autor: Stéphane Hessel, ehemaliger Résistance-Kämpfer gegen die deutsche Besetzung Frankreichs im 2. Weltkrieg. Nach dem Krieg war Hessel als Diplomat maßgeblich an der Ausarbeitung der „Allgemeinen Erklärung der Menschenrechte" beteiligt. Die Botschaft des Buches: „Findet euch nicht damit ab, dass die Welt so ist, wie sie ist." Nun ist das Werk auch auf Deutsch erschienen. Es hat zahlreiche Kommentare hervorgerufen. Überhaupt ist das Thema „Ungehorsam" ein immer wiederkehrendes Motiv der Literatur.

Stéphane Hessel: Empört euch!

Die Gründe, sich zu empören, sind heutzutage oft nicht so klar auszumachen – die Welt ist zu komplex geworden. Wer befiehlt, wer entscheidet? Es ist nicht immer leicht, zwischen all den Einflüssen zu unterscheiden, denen wir ausgesetzt sind. […] Die Welt ist groß, wir spüren die globalen Abhängigkeiten, leben in Kreuz- und Querverbindungen wie noch nie. Um wahrzunehmen, dass es in dieser Welt auch unerträglich zugeht, muss man genau hinsehen, muss man suchen. Ich sage den Jungen: Wenn ihr sucht, werdet ihr finden. „Ohne mich" ist das Schlimmste, was man sich und der Welt antun kann. Den „Ohne mich"-Typen ist eines der grundlegenden Merkmale des Menschen abhanden gekommen: die Fähigkeit zur Empörung und damit zum Engagement.

Zwei große neue Menschheitsaufgaben sind für jedermann erkennbar:

1. Die weit geöffnete und noch immer weiter sich öffnende Schere zwischen ganz arm und ganz reich. Das ist eine Spezialität des 20. und 21. Jahrhunderts. Die Ärmsten der Welt verdienen heute kaum zwei Dollar am Tag. Wir dürfen nicht zulassen, dass diese Kluft sich weiter vertieft. Allein schon dies heißt, sich zu engagieren.

2. Die Menschenrechte und der Zustand unseres Planeten. […]

Nach dem Ende des Zweiten Weltkriegs ging es ja darum, die Menschheit dauerhaft vom Gespenst des Totalitarismus zu befreien. Dazu musste erreicht werden, dass die UNO-Mitgliedstaaten sich zur Achtung dieser universellen Rechte verpflichteten – ein Weg, um das Argument der vollen Souveränität auszuhebeln, auf das sich ein Staat berufen konnte, der sich auf seinem Territorium Verbrechen gegen die Menschlichkeit leistete – siehe Hitler, der als Herr im Hause über Völkermord entschied. Ohne den weltweiten Abscheu vor Nationalsozialismus, Faschismus, Totalitarismus […] wäre diese universelle Erklärung in dieser Form kaum zustande gekommen. […]

Ich möchte aus der »Allgemeinen Erklärung der Menschenrechte« [zum Beispiel] den Artikel 22 zitieren: „Jeder hat als Mitglied der Gesellschaft das Recht auf soziale Sicherheit und Anspruch darauf, durch innerstaatliche Maßnahmen und internationale Zusammenarbeit sowie unter Berücksichtigung der Organisation und der Mittel jedes Staates in den Genuss der wirtschaftlichen, sozialen und kulturellen Rechte zu gelangen, die für seine Würde und die freie Entwicklung seiner Persönlichkeit unentbehrlich sind." Und auch wenn diese Erklärung, da sie nicht völkerrechtlich verbindlich geworden ist, bloß deklaratorischen Charakter hat, ist sie dennoch seit 1948 nicht ohne Wirkung geblieben. Kolonialvölker haben sich in ihrem Unabhängigkeitskampf auf sie berufen, und sie hat den Freiheitskämpfern Mut gemacht. […]

Den jungen Menschen sage ich: Seht euch um, dann werdet ihr die Themen finden, für die Empörung sich lohnt. Ihr werdet auf konkrete Situationen stoßen, die euch veranlassen, euch gemeinsam mit anderen zu engagieren. Suchet, und ihr werdet finden! Ich wünsche jedem Einzelnen von euch ein eigenes Empörungsmotiv. Denn das ist kostbar. […]

Das im Westen herrschende materialistische Maximierungsdenken hat die Welt in eine Krise gestürzt, aus der wir uns befreien müssen. Wir müssen radikal mit dem Rausch des „Immer noch mehr" brechen, in dem die Finanzwelt, aber auch Wissenschaft und Technik die Flucht nach vorn angetreten haben. Es ist höchste Zeit, dass Ethik, Gerechtigkeit, nachhaltiges Gleichgewicht unsere Anliegen werden. Denn uns drohen schwerste Gefahren, die dem Abenteuer Mensch auf einem für uns unbewohnbar werdenden Planeten ein Ende setzen könnten. […]

Wie soll ich diesen Aufruf zur Empörung beschließen? Indem ich noch einmal daran erinnere, was wir, die Veteranen der Résistance aus den Jahren 1940 bis 1945, am 8. März 2004 anlässlich des 60. Jahrestages der Verkündung des Programms des Nationalen ‚Widerstandsrates sagten: „Der Nazismus ist besiegt worden dank dem Opfer unserer Brüder und Schwestern in der Résistance und der im Kampf gegen die faschistische Barbarei verbündeten Nationen. Doch die Bedrohung ist nicht vollständig gebannt, und unser Zorn über die Ungerechtigkeit ist nicht gewichen."
Nein, die Bedrohung ist nicht ganz gebannt. Und so rufen wir weiterhin auf zu einem wirklichen, friedlichen Aufstand gegen die Massenkommunikationsmittel, die unserer Jugend keine andere Perspektive bieten als den Massenkonsum, die Verachtung der Schwächsten und der Kultur, den allgemeinen Gedächtnisschwund und die maßlose Konkurrenz aller gegen alle.
Den Männern und Frauen, die das 21. Jahrhundert gestalten werden, rufe ich aus ganzem Herzen und in voller Überzeugung zu: „Neues schaffen heißt Widerstand leisten. Widerstand leisten heißt Neues schaffen."

Werner Wintersteiner: Empört euch!

„Entrüstet Euch!" ist ein Appell an die Jugend, doch nicht alles hinzunehmen. Wir müssen uns, so Hessel, über den Abbau des Sozialstaates, über die brutale Behandlung von MigrantInnen, über die Konzentration und Monopolisierung der Medien empören und dagegen auftreten. Hessel möchte das Widerstandspotenzial der Menschen wecken und verhindern, dass es in dumpfem Ärger verpufft, von Populisten ausgenützt wird oder zu Resignation verkommt. [...] „Entrüstet Euch!" hat (allerdings nur im Deutschen) auch eine zweite Bedeutung: ent-rüsten meint gewaltfreien Widerstand. Auch das ist das Credo des 93-Jährigen, der sich ganz entschieden von „revolutionärer Gewalt" distanziert [...].
Hessels Appell gilt nicht nur für Frankreich. Gerade auch bei uns müssen wir erleben, dass Skandale, Machtmissbrauch und Ungerechtigkeit zwar oft nicht gutgeheißen werden, aber dass Gleichgültigkeit vorherrscht. „Das war schon immer so", „Da kann man halt nichts machen", heißen die Standardausreden. „Wer sich so verhält", so Hessel, „verliert eine der wesentlichen und unverzichtbaren Eigenschaften, die den Menschen ausmachen: die Fähigkeit zur Empörung und das Engagement, das daraus erwächst."
Eine weitere Variante der Gleichgültigkeit tarnt sich als politischer Realismus. Wenn man jemanden auf einen Missstand aufmerksam macht, bekommt man oft als Antwort: „Aber was erwartest Du denn? Mach Dir doch keine Illusionen über die!" Was so vernünftig klingt, ist aber in Wirklichkeit Abwiegelei. Wir brauchen weniger „einfühlende Vernunft" in untragbare Zustände und dafür mehr Entrüstung und Empörung. Denn, wie Stéphane Hessel abschließend feststellt: „Schöpfung heißt Widerstand leisten! Widerstand leisten ist ein schöpferischer Akt!"

Erich Fried: Die Abnehmer

Einer nimmt uns das Denken ab
es genügt
seine Schriften zu lesen
und manchmal dabei zu nicken

Einer nimmt uns das Fühlen ab
Seine Gedichte
erhalten Preise
und werden häufig zitiert

Einer nimmt uns
die großen Entscheidungen ab
Über Krieg und Frieden
Wir wählen ihn immer wieder

Wir müssen nur
auf zehn bis zwölf Namen schwören
und manchmal dabei zu nicken
Das ganze Leben nehmen sie uns dann ab

Peter Turrini: Das Nein

Das Nein,
das ich endlich sagen will
ist hundertmal gedacht
still formuliert
nie ausgesprochen.

Es brennt mir im Magen
Nimmt mir den Atem
Wird zwischen den Zähnen zermalmt
Und verlässt
Als freundliches Ja
Meinen Mund.

Gioconda Belli: Niemand sucht aus

Man sucht sich das Land seiner Geburt nicht aus,
und liebt doch das Land, wo man geboren wurde.

Man sucht sich die Zeit nicht aus, in der man die Welt betritt,
aber muss Spuren in seiner Zeit hinterlassen.

Seiner Verantwortung kann sich niemand entziehen.

Niemand kann seine Augen verschließen, nicht seine Ohren,
stumm werden und sich die Hände abschneiden.

Es ist die Pflicht von allen, zu lieben, ein Leben zu leben, ein Ziel zu erreichen.

Wir suchen den Zeitpunkt nicht aus, zu dem wir die Welt betreten,
aber gestalten können wir diese Welt,
worin das Samenkorn wächst,
das wir in uns tragen.

Eduardo Galeano: Das Recht zum Träumen

Wenn wir auch nicht die Welt, wie sie sein wird, erraten können, so können wir uns doch immerhin die Welt vorstellen, wie wir sie wollen. Das Recht zum Träumen kommt nicht vor unter den 30 Menschenrechten, die die UNO Ende 1948 ausgerufen hat. Aber wenn dieses Recht nicht wäre, die anderen Rechte wären schon an Austrocknung zu Grunde gegangen.

Fallen wir also für einen Moment ins Delirium. Die Welt – jetzt auf dem Kopf – fällt auf die Füße: Auf den Straßen springen die Hunde über Automobile. In der Luft findet sich kein Gift von Maschinen. Und es gibt keine Verschmutzung mehr als nur die, die ausströmt von den Ängsten und Leidenschaften der Menschen.

Die Leute werden nicht mehr vom Auto rasend gemacht, nicht mehr vom Computer programmiert, nicht mehr vom Supermarkt aufgekauft und nicht mehr vom Fernseher angeglotzt.

Das Fernsehgerät ist nicht mehr das wichtigste Familienmitglied und wird behandelt wie das Bügeleisen oder die Waschmaschine. Die Leute arbeiten, um zu leben, anstatt zu leben, um zu arbeiten.

In keinem Land werden mehr junge Männer verhaftet, die den Militärdienst verweigern; höchstens noch solche, die ihn leisten wollen. Die Ökonomen nennen den Standard des Konsums nicht mehr „Lebensstandard" und die Menge der Güter nicht mehr „Lebensqualität".

Die Köche werden nicht mehr glauben, dass die Langusten entzückt sind, lebend gekocht zu werden.

Die Historiker werden nicht mehr glauben, dass Völker davon entzückt sind, erobert zu werden.

Die Politiker werden nicht mehr glauben, dass es den Armen gefällt, auf Versprechungen herumzukauen.

Die Welt wird nicht mehr im Krieg sein gegen die Armen, sondern gegen die Armut; und die Rüstungsindustrie wird für immer den Konkurs anmelden müssen.

Keiner wird mehr Hungers sterben, weil auch keiner mehr an Verstopfung stirbt. Die Straßenkinder werden nicht mehr wie Abfall behandelt, weil es auch keine reichen Kinder mehr gibt. Bildung wird kein Privileg derer mehr sein, die sie bezahlen können. […]

Die Kirche wird ein elftes Gebot ausrufen, das der Herr vergessen hatte: „Liebe die Natur, denn Du bist ein Teil von ihr!" Alle Gefangenen werden feiern, und es wird keine Nacht geben, die man nicht lebte, als sei es die letzte, und keinen Tag, der nicht gelebt wurde, als sei es der erste.

Interpretationshypothesen entwickeln

8.1 **Lesen Sie das Gedicht „Niemand sucht aus" von Gioconda Belli.**

a Untersuchen Sie zunächst die äußere Gestaltung (Zahl der Verse und Strophen, Reim, Klanggestalt, Sprecher/in und Adressat/in, lyrische Situation) des Gedichts. Halten Sie Ihre Untersuchungsergebnisse stichwortartig fest.

b Geben Sie den Gedichtinhalt in Ihren eigenen Worten wieder.

8.2 **Entwickeln Sie eine erste Deutungsvermutung zu dem Gedicht „Niemand sucht aus!“, indem Sie:**

a die inhaltliche Entfaltung im Text bewerten (Vergleich Textanfang und Textende);

b den Gedichttitel auf den Text beziehen;

c auffällige Merkmale des Textes (äußere Gestaltung, aber auch sprachliche Bilder, Motive, ...) ermitteln und in ihrer Wirkung beschreiben;

d die Aussagen des Gedichts auf die aktuelle Situation heutiger Leserinnen und Leser beziehen.

Formulieren Sie anschließend Ihre erste Deutungsvermutung schriftlich.

8.3 **Überprüfen Sie – wie in der Wissensbox beschrieben – Ihre Deutungsvermutung so lange am Text, bis Sie sicher sind, dass keine zentrale Textstelle gegen Ihre Interpretation spricht. Formulieren Sie abschließend Ihre Interpretationshypothese.**

8.4 **Im Folgenden finden Sie einige von Schülerinnen und Schülern formulierte Interpretationshypothesen zum Gedicht „Niemand sucht aus“ von Gioconda Belli.**

a Benennen Sie, auf welche Aspekte (vgl. Aufgabe 8.2) sich die Interpretationshypothesen beziehen.

b Diskutieren Sie über die Angemessenheit dieser Thesen in der Klasse. Beachten Sie, dass auch mehrere Thesen richtig sein können. Belegen Sie Ihre Meinung immer an den Texten und dem Gedicht selbst.

Interpretationshypothese 1
Das Gedicht „Niemand sucht aus“ von Gioconda Belli schildert die Situation der Menschen auf der Welt. Obwohl niemand sich sein Leben ausgesucht hat, fordert es dazu auf, das Leben anzunehmen und die Welt zu gestalten.

Interpretationshypothese 2
Zentrales Gestaltungsmittel im Gedicht „Niemand sucht aus“ sind die Modalverben. Aus „müssen“ (V. 3) und dem „Nicht-Können“ (vgl. „kann ... niemand“, V. 5, und „Niemand kann“, V. 6) wird „aber gestalten können wir“ (V. 10).

Interpretationshypothese 3
Der Text „Niemand sucht aus“ von Gioconda Belli ist zwar in Verse und Strophen untergliedert, weist aber darüber hinaus keine wesentlichen Merkmale von Gedichten auf. Es handelt sich eher um Gedanken der Autorin zum Menschen und seinem Platz in der Welt. Die Gedanken der Autorin selbst sind dabei wenig originell bis falsch (Kommt es für ein gelungenes Leben denn darauf an, in welchem Land man geboren wird? Und warum sollte man das Land lieben, in dem man geboren wurde? Liebt man nicht vielmehr das Land, in dem man zufrieden lebt?).

Interpretationshypothese 4
Das Gedicht „Niemand sucht aus“ fasst sehr gut die Stimmung vieler Jugendlicher zusammen, die sich oft nach ihrer Aufgabe im Leben und ihren Zielen fragen. Einerseits macht es Angst, weil es genau benennt, dass man leben muss und sich seiner Verantwortung nicht entziehen kann; anderseits macht es aber auch Mut dazu, aktiv zu leben.

Interpretationshypothese 5
Zentrales Bild des Gedichts „Niemand sucht aus“ ist das des „Samenkorns“ (V. 11). Dieses Bild enthält den Gedanken des Wachsens, Gedeihens und des Tragens von Früchten. Genauso, wie sich ein Samenkorn nicht aussuchen kann, wo es wächst, kann dies auch der Mensch nicht; trotzdem wächst und blüht z. B. ein Weizenkorn bis zur Frucht.

8.5 **Überprüfen Sie auf der Grundlage der Diskussion der Interpretationshypothesen aus Aufgabe 8.4 noch einmal Ihre eigene Interpretationshypothese (vgl. Aufgabe 8.3) und präzisieren Sie sie gegebenenfalls erneut.**

8.6 **Besprechen Sie zunächst gemeinsam in der Klasse, wie die Schülerinnen und Schüler (vgl. Aufgabe 8.4) ihre Interpretationsaufsätze anlegen könnten, d. h. mit welchen (weiteren) Argumenten bzw. (weiteren) Textstellen sie ihre Interpretation stützen könnten. Sammeln Sie in einem nächsten Schritt Belege aus dem Gedichttext für Ihren eigenen Interpretationsansatz. Machen Sie sich dazu stichwortartige Notizen.**

W **Interpretationshypothesen** sind Annahmen über einen (literarischen) Text, die leitend für die Bearbeitung einer interpretativen (deutenden)Schreibaufgabe zu diesem Text sein sollten. Mit anderen Worten: Wenn Sie in einer Schreibaufgabe einen Text deuten (interpretieren) sollen, müssen Sie zunächst eine Deutung entwickeln und dann in der Aufgabe Begründungen dafür vorbringen, dass Ihre Deutung richtig oder doch nachvollziehbar ist.

Für das **Interpretieren eines Textes** gibt es eine „einfache" **Grundregel**: Was immer Sie über einen Text sagen oder schreiben, Sie müssen es am bzw. durch den Text belegen können.
Das Interpretieren eines Textes ist deshalb auch ein Prozess:
- Sie lesen den Text und formulieren für sich eine erste Deutungsvermutung.
- Sie prüfen dann am Text, was für und was gegen diese erste Vermutung spricht. Auf der Grundlage dieser Beschäftigung mit dem Text präzisieren Sie (oder verändern) dann Ihre erste Deutungsvermutung und formulieren eine zweite Deutung.
- Wieder prüfen Sie am Text, was für und was gegen diese zweite Deutung spricht. Gegebenenfalls müssen Sie Ihre Deutung wieder verändern oder präzisieren und erneut am Text prüfen.
- Diesen Wechsel aus dem Formulieren von Thesen zur Textdeutung und deren Überprüfung am Text sollten Sie so lange fortsetzen, bis Sie (ziemlich) sicher sind, dass keine zentrale Textstelle gegen Ihre Interpretation spricht.

Schon das Formulieren einer ersten Vermutung zur Deutung eines Textes ist nicht einfach. Allgemeine Ratschläge lassen sich auch nur schwer formulieren, da jeder Text anders sein kann. Folgende Aspekte aber haben sich bei vielen Texten als hilfreich erwiesen:

- Bewertung der inhaltlichen Entfaltung im Text – Prüfen Sie: Wie stellt sich die Situation am Textanfang dar, wie am Schluss? Wie kommt es zu dieser Veränderung bzw. warum verändert sich nichts?
- Untersuchung auffälliger Textmerkmale (Bildlichkeit, Motivstruktur, rhetorische Figuren, ...) – Prüfen Sie: Welche Wirkung üben diese Merkmale aus? Wie ergänzen sich die Merkmale? Lassen sich diese Merkmale zu einem übergeordneten Merkmal zusammenfassen (z. B. zu einem übergeordneten Motiv oder einer übergeordneten Aussage)?
- Bezug des Titels auf den Text – Prüfen Sie: Welche Erwartungen weckt der Titel? Wie werden Sie erfüllt bzw. nicht erfüllt? Welche zentralen Textstellen beziehen sich auf den Titel? Wie?
- Bezüge zur Gegenwart/der aktuellen Situation der heutigen Leserinnen und Leser – Prüfen Sie: Spricht Sie der Text an? Warum bzw. warum nicht? Entspricht der Text meinen eigenen Erfahrungen?
- Bezüge zur Epoche, zur Autorenbiografie – Prüfen Sie: Inwieweit erfüllt der Text die Erwartungen, die Sie an die Epoche bzw. den Autor/die Autorin haben? Warum bzw. warum nicht?

Beachten Sie in jedem Fall genau die jeweilige Aufgabenstellung, die oftmals Hinweise auf die Deutung des Textes enthält.

Zur Erinnerung: Unter einem **Motiv** versteht man zentrale Elemente eines Stoffs, die bei der künstlerischen Gestaltung wiederholt aufgegriffen werden und für die Bedeutung eines Textes wichtig sind. Motive können z. B. Handlungssituationen (Abschied, ...), Figurenkonstellationen (eifersüchtiger Ehemann, ...), zentrale Beweggründe für das Handeln der Figuren (Gier, ...), aber auch Gegenstände (das rote Halstuch, ...) oder Vorgänge (Sturm, ...) u. a. sein.

Achten Sie bei der Untersuchung der Motivstruktur eines Textes auf:
- den Titel und zentrale Schüsselwörter
- das Thema eines Textes
- Wiederholungen und semantische Ähnlichkeiten (z. B. „Blut" und „rot", ...)

8.7 **Entwickeln Sie zu weiteren Texten – z. B. Robert Walser: Der verlorene Sohn (S. 22 f.), Friedrich Dürrenmatt: Die Physiker (S. 40 f.) oder Ingeborg Bachmann: Freies Geleit (S. 48) – analog zu den Aufgaben 8.1 bis 8.3 Interpretationshypothesen und prüfen Sie (vgl. Aufgabe 8.6), wie diese durch die jeweiligen Texte gestützt werden können. Sie können dabei alleine arbeiten, sich aber auch mit Ihren Mitschülerinnen und Mitschülern absprechen.**

Eine Empfehlung schreiben

8.8

Sie sollen den folgenden Schreibauftrag bearbeiten:

Schreibauftrag
Ein Schulbuch-Verlag plant ein Lesebuch für die Oberstufe und hat mehreren Schülerinnen und Schülern – darunter auch Ihnen – kleine Textpakete zu bestimmten Themen geschickt. Der Verlag bittet Sie, in Form einer kurzen Empfehlung (270 bis 330 Wörter) darzulegen, welchen Text des Pakets Sie jeweils am geeignetsten für den Abdruck in einem Schulbuch halten. Schreiben Sie diese Empfehlung und sprechen Sie sich entweder für den Auszug aus dem Essay „Empört euch!" von Stéphane Hessel oder für den Text „Das Recht zum Träumen" von Eduardo Galeano aus. Nennen Sie drei Gründe für Ihre Auswahl.

Lesen und untersuchen Sie zunächst den Schreibauftrag; geben Sie die Aufgabenstellung in Ihren eigenen Worten wieder. Klären und beantworten Sie:

a Liegt der Schwerpunkt der Aufgabe im argumentativen oder im analytischen (interpretatorischen) Bereich?

b Welche Schreibsituation ist vorgegeben? Für wen sollen Sie schreiben?

c Enthält die Aufgabenstellung Hinweise auf Textauswahlkriterien?

8.9

Lesen Sie nun die Texte „Empört euch!" von Stéphane Hessel und „Das Recht zum Träumen" von Eduardo Galeano.

a Halten Sie schriftlich fest, welcher der beiden Texte Ihnen nach dem ersten Lesen besser gefallen hat. Begründen Sie diesen ersten Eindruck möglichst konkret an den Texten.

b Untersuchen Sie beide Texte nach selbst ausgewählten Untersuchungskriterien und halten Sie tabellarisch fest, welche Stärken und Schwächen die beiden Texte haben.

	Stärken	Schwächen
Stéphane Hessel: Empört euch!		
Eduardo Galeano: Das Recht zum Träumen		

8.10

Im Folgenden finden Sie eine Empfehlung einer Schülerin zur Schreibaufgabe 8.8. Diskutieren Sie mit Ihren Mitschülerinnen und Mitschülern über diese Empfehlung (Gliederung, Argumentation, sprachlich-stilistische Ausführung). Formulieren Sie ggf. konkrete Verbesserungsvorschläge.

Empfehlung
Sie haben mich gebeten, meine Meinung darüber abzugeben, welcher der beiden Texte, „Empört euch!" von Stéphane Hessel und „Das Recht zum Träumen" von Eduardo Galeano, ich für geeigneter halte, in einem Oberstufen-Lesebuch abgedruckt zu werden.
Mir gefallen beide Texte recht gut. Der Text von Galeano ist leicht zu lesen und spricht viele wichtige Probleme unserer Zeit an. Es ist aber auch ein „Traum"-Text, der letztlich nur eine ideale Welt beschreibt, die ein Traum bleiben wird. Auch Hessel schaut nach vorne und wünscht sich eine bessere Welt. Er aber spricht uns Jugendliche direkt an und macht konkrete Vorschläge, wie wir (unsere Generation) die Welt ein bisschen besser machen können. Auch dieser Text ist trotz einiger Fremdwörter gut zu verstehen und man kann der Argumentation gut folgen. Ich denke auch, dass „Massenkommunikationsmittel" und das „materialistische Maximierungsdenken" wirklich Erscheinungen sind, über die gerade junge Menschen nachdenken sollten.
Obwohl, wie gesagt, auch der Galeano-Text geeignet wäre, empfehle ich Ihnen aus den genannten Gründen den Text von Stéphane Hessel – auch, weil es mich beeindruckt hat, dass ein schon recht alter Mann, dem eigentlich alles egal sein könnte, sich immer noch engagiert und uns Jugendliche ernst nimmt. (192 Wörter)

W **Empfehlungen** können sehr vielgestaltig sein und stellen von der Anforderung an die Schreibenden in der Regel eine Mischform aus analytisch-interpretativer Kompetenz, argumentativer Kompetenz und der eigentlichen Schreibkompetenz dar.
Eine typische Situation für eine Empfehlung ist etwa: Sie sollen aus mehreren Texten einen auswählen, den Sie am geeignetsten halten, um in einer bestimmten Situation gelesen zu werden, und dies dann schriftlich darlegen und begründen. Das heißt, dass Sie nach analytischen (interpretativen) Gesichtspunkten einen Text auswählen und ihre Auswahl argumentativ stützen müssen. Es ist deshalb besonders wichtig, dass Sie die jeweilige Aufgabenstellung (vgl. Kap. 6) gründlich prüfen.

Beim **Schreiben einer Empfehlung** können Sie so vorgehen:

Schritt 1: Aufgabenstellung erfassen:
- Liegt der Schwerpunkt der Aufgabe im argumentativen oder im analytischen (interpretatorischen) Bereich? – Beachten Sie hier auch die verlangte Wortanzahl: Je mehr Wörter Sie schreiben sollen, desto analytischer ist die Aufgabe gedacht.
- Welche konkrete Situation ist vorgegeben? Für wen (d. h. welche Adressaten) sollen Sie wie schreiben?
- Enthält die Aufgabenstellung Hinweise auf Textauswahlkriterien?

Schritt 2: Texte aspekteorientiert untersuchen – Aus der in der Aufgabenstellung festgelegten Schreibsituation ergeben sich in der Regel die entsprechenden Untersuchungsaspekte; oft wird es dabei gehen um:
- Thema bzw. Inhalt, z. B.: Welcher Text passt inhaltlich am besten zur vorgegebenen Situation? Welcher Text ist am informativsten (Interessen der Leserinnen und Leser beachten!)?
- Wirkung bzw. Intention: Welcher Text ist am ehesten geeignet, bei den Leserinnen und Lesern eine bestimmte Wirkung (z. B. zu unterhalten, zu informieren, zum Nachdenken anzuregen usw.) auszulösen?
- Verständlichkeit: In der Regel werden Sie Texte für Gleichaltrige auswählen müssen, d. h. dass auch die Verständlichkeit der Texte ein wichtiges Auswahlkriterium darstellt (es handelt sich hierbei übrigens auch um ein „sicheres" Argument, denn kein Erwachsener wird Ihnen widersprechen können, wenn Sie begründet darlegen, warum ein Text für Leserinnen und Leser Ihres Alters zu schwer ist).

Schritt 3: eigene Position ermitteln:
- Prüfen Sie zunächst, welcher Text Ihnen „vom Gefühl her" am besten erscheint. Suchen Sie nach Gründen für dieses Gefühl.
- Klären Sie für jeden Text, welche Vor- und welche Nachteile (bzw. Stärken und Schwächen) er bezogen auf die Auswahlsituation hat.
- Entscheiden Sie sich auf Grund Ihrer Vorüberlegungen für einen Text. Beachten Sie hierbei: Meist kommt es nicht darauf an, „den" richtigen Text zu finden, sondern vielmehr auf Ihre Begründung für die Auswahl selbst. Sie können also jeden Text empfehlen, für den Sie mindestens zwei gute Gründe anführen können.

Schritt 4: Gliederung erstellen – Die Gestaltung und der Aufbau der Empfehlung hängt stark von der in der Aufgabenstellung vorgegebenen Situation ab. In der Regel gilt:
- Einleitung: Hier sollten Sie in kurzen Worten die an Sie gestellte Empfehlungssituation zusammenfassen und die zur Auswahl stehenden Texte nennen, z. B.: Ihr habt mich gebeten, einen Text für die Schülerzeitung auszuwählen. In die engere Auswahl kamen die Texte von …
- Hauptteil: Hier sollten Sie – je nach Aufgabenstellung und verlangter Wortanzahl – mehr oder weniger ausführlich begründen, weshalb Sie sich für den von Ihnen ausgewählten Text entschieden haben. Sie sollten außerdem zumindest mit einem Satz auf die jeweils anderen Texte eingehen und darlegen, welches Hauptargument aus Ihrer Sicht gegen diesen Text spricht.
- Schluss: Hier gibt es – wiederum abhängig von der Aufgabenstellung – verschiedene Möglichkeiten; Sie können Ihr Urteil kurz zusammenfassen, einen Kompromissvorschlag machen (z. B. anregen, neben dem von Ihnen ausgewählten Text noch einen weiteren zu drucken/lesen), einen persönlichen, subjektiven Leseeindruck geben, sich für das Ihnen durch die Bitte um eine Empfehlung entgegengebrachte Vertrauen bedanken, …

Schritt 5: Empfehlung schreiben
Schritt 6: Überarbeiten der Empfehlung

8.11 **Schreiben Sie nun eine eigene Empfehlung (vgl. Schreibauftrag in Aufgabe 8.8). Erstellen Sie dazu zunächst einen kurzen Schreibplan (Gliederung); machen Sie sich insbesondere klar, welche Argumente für und gegen die Texte Sie an welcher Stelle einbringen möchten. Korrigieren und überarbeiten Sie Ihre Empfehlung abschließend.**

Matura-Aufgaben

8.12

Stéphane Hessel: *Empört euch!*

Verfassen Sie eine Meinungsrede.

Situation: Im Rahmen von Buchvorstellungen im Unterricht haben Sie sich entschieden, den Essay „Empört euch!" von Stéphane Hessel vorzustellen. Statt einer klassischen Buchvorstellung halten Sie eine Meinungsrede über Widerstand, in der Sie aber auch auf das Buch von Stéphane Hessel selbst eingehen.

Lesen Sie den Auszug aus dem Essay „Empört euch!" von Stéphane Hessel (S. 66 f.).

Verfassen Sie nun die **Meinungsrede** und berücksichtigen Sie dabei die folgenden Arbeitsaufträge:
- Fassen Sie die Hauptaussagen im Text von Stéphane Hessel zusammen.
- Nehmen Sie begründet zu den Thesen Hessels Stellung.
- Legen Sie begründet dar, warum Sie den Text von Hessel aus heutiger Sicht für lesenswert bzw. nicht lesenswert erachten.

Schreiben Sie zwischen 540 und 660 Wörter. Markieren Sie Absätze mittels Leerzeilen.

8.13

Werner Wintersteiner: *Empört euch!*
Erich Fried: *Die Abnehmer*
Peter Turrini: *Das Nein*
Gioconda Belli: *Niemand sucht aus*

Verfassen Sie eine Empfehlung.

Situation: Sie gelten unter Ihren Mitschülerinnen und Mitschülern als Lyrik-Experte bzw. Expertin. Die Redaktion der Schüler/innenzeitung Ihrer Schule, die gerne den Kommentar „Empört euch!" von Werner Wintersteiner in der nächsten Ausgabe als Lektüretipp abdrucken möchte, hat Sie gefragt, ob Sie nicht ein passendes Gedicht zum Text empfehlen könnten. Bei Ihrer Gedichtsuche sind Sie auf die Gedichte von Turrini, Fried und Belli gestoßen. Die drei Gedichte schicken Sie zur Auswahl an die Redaktion.

Lesen Sie die Texte „Empört euch!" von Werner Wintersteiner (S. 67), „Das Nein" von Peter Turrini (S. 67), „Die Abnehmer" von Erich Fried (S. 67) sowie „Niemand sucht aus" von Gioconda Belli (S. 68).

Verfassen Sie nun die **Empfehlung** und berücksichtigen Sie dabei die folgenden Arbeitsaufträge:
- Stellen Sie dar, welches Gedicht Sie unter den gegebenen Umständen für das geeignetste halten. Beziehen Sie sich dabei auf den Text von Werner Wintersteiner.
- Führen Sie mindestens zwei Gründe für die von Ihnen getroffene Entscheidung an.

Schreiben Sie zwischen 270 und 330 Wörter. Markieren Sie Absätze mittels Leerzeilen.

3ur2yz

SPRACHRAUM 9

Liebe

Zwei Gedichte, eine Jugendstudie, eine Kürzestgeschichte und eine Parabel bieten Informationen zu dem am häufigsten beschriebenen Motiv der Literatur, der Liebe.

Trude Marzik: Allaan bist gar nix

Du glaubst du bist wer? Du kummst dir guat vua?
Allaan bist gar nix, des laß dir g'sagt sein!

Allaan bist grad so als wiar a Würschtel,
a anzelns Würschtel, was auf'n Kraut liegt,
oder im Saft von an Gollasch umschwimmt,
Anspannerroß vur an alten Zeugel[1],
a bissel notig[2], a bissel traurig.

Allaan bist grad so als wiar a Hausschuach,
a linker Hausschuach, es fehlt der rechte,
als wiar a Uhrringerl, so a anzelns –
wann's no so schön is, es schaut verlurn aus –
weil erst mi'n zweiten des Paar komplett is

Du brauchst an zweiten, willst mit wem reden.
Allanig reden tuan nur die Narren,
und im Theater die „Monologe", die was' durt halten,
de haaßen aa nix. Allanig reden – du kummst dir bled vua.

Du brauchst an zweiten, der was dir zuahört,
der mit dir want und der mit dir lacht aa –
sich gfreun allanig, des is so traurig –
brauchst wem zum Gernhabn, wem, der di streichelt,
sogar zum Streiten, da brauchst an zweiten!
Allaa bist gar nix, des laß dir g'sagt sein.

[1] einziges Pferd vor einer Kutsche
[2] alleingelassen, leer

Oliver Trenkamp: Jugendstudie: Keusche Kuschler

Sie lassen sich Zeit mit dem ersten Mal und suchen ihren Partner sehr gewissenhaft aus: Die vermeintliche Generation „Porno" ist weitaus braver als ihr Ruf, zeigt eine neue Studie.

Eine 17-Jährige, die schon mit 51 Jungs geschlafen hat. Ein 15-Jähriger, der schon drei Frauen geschwängert hat. [...] Solche Fälle schafften es in den vergangenen Jahren immer wieder in die Zeitungen. [...] Sozialarbeiter, Politiker, Lehrer, Journalisten, sie alle warnten vor der „Generation Porno", die ihre Unschuld längst verloren habe. [...]

Die Jugend verroht, das war die Angst. Doch die vermeintliche „Generation Porno" scheint weitaus braver, treuer und verantwortungsvoller zu sein als ihr Ruf; das zeigt eine neue Studie der deutschen Bundeszentrale für gesundheitliche Aufklärung in Berlin. Die Jugendlichen von heute haben demnach später Sex als noch vor einigen Jahren, sie haben ihn meist innerhalb einer festen Partnerschaft, und sie verhüten ziemlich konsequent.

Und: „Das Interesse an Pornografie ist weitaus geringer als befürchtet", sagt Elisabeth Pott, Direktorin der Bundeszentrale. Vor allem Mädchen würden sich das kaum ansehen.

Zwar konnten Jugendliche nie zuvor so ungehindert auf pornografische Inhalte zugreifen: 98 Prozent sind vernetzt, und die expliziten Filme und Bilder sind nur wenige Klicks entfernt. Doch sie scheinen dadurch nicht kollektiv verroht zu sein und verlernt zu haben, wie man sich verliebt.

Im Gegenteil: Liebe, Partnerschaft - und dann erst Sex, so sehen das die meisten Jugendlichen, sagt Pott. „Ihnen ist es offensichtlich wichtig, erst den richtigen Partner zu finden." [...]

Die Jugend kennt sich ziemlich gut aus mit Sex, auch zu dem Schluss kommt die Studie: „Das Gros hält sich selbst allgemein für ausreichend aufgeklärt." Im Detail gibt es aber noch Fragen und Unkenntnis zu Themen wie Schwangerschaft, Verhütung, Geschlechtskrankheiten. Viele Jungen (58 Prozent) und Mädchen (69 Prozent) sprechen zumindest über Verhütung mit ihren Eltern. Jungs sagen zudem, sie nutzten das Internet, um Wissenslücken zu schließen.

Erstmals gesondert ausgewertet wurde das Sexualverhalten von Zuwandererkindern. „Jungen aus Migrantenfamilien sind früher und damit insgesamt häufiger sexuell aktiv als ihre deutschen Geschlechtsgenossen", heißt es in der Studie. Bei Mädchen ist es umgekehrt; vor allem junge, muslimische Türkinnen seien nur selten sexuell aktiv.

Unabhängig von ihrer Herkunft ist der Hauptgrund für die Zurückhaltung: Es fehlt der richtige Partner. Bei Mädchen aus Zuwandererfamilien scheint aber auch die religiöse Tradition eine große Rolle zu spielen: Fast die Hälfte hält sich einfach noch für zu jung, um Sex zu haben, und gut ein Drittel findet Sex vor der Ehe falsch. „Unter Mädchen muslimischen Glaubens geben sogar 69 Prozent diese Antwort."

Während die meisten einheimischen Jugendlichen mittlerweile mit ihren Eltern über Sex sprechen, ist das bei Zuwandererkindern anders: „Lediglich die Hälfte der Mädchen und nur 41 Prozent der Jungen aus Migrantenfamilien erhalten eine Verhütungsberatung im Elternhaus.“ Für sie sei die Schule die wichtigste Anlaufstelle, wenn es um sexuelle Aufklärung geht.

Für die Studie wurden 3542 Jugendliche befragt, davon rund tausend Kinder aus Zuwandererfamilien. Dass die Mädchen und Jungen bei diesen Befragungen nicht geprahlt oder gelogen haben, das zeigen Pott zufolge auch zahlreiche andere Studien und Statistiken. So belege etwa die abnehmende Zahl der HIV-Infektionen und Teenagerschwangerschaften, dass sich die Jugendlichen tatsächlich sehr gewissenhaft verhalten.

Von „der bravsten Generation seit langem“, spricht auch Klaus Farin vom „Archiv der Jugendkulturen“. Er beobachtet seit langem verschiedenste Jugendszenen, Punks, Skins, HipHoper. Er sagt, dass die Jugendlichen nicht nur sexuell zurückhaltender seien als früher. Auch die Jugendkriminalität gehe zurück, ebenso der Tabak- und Drogenkonsum. Dafür würden sich mehr Jugendliche als früher politisch engagieren.

Bundeszentralen-Direktorin Pott glaubt, dass die „verrohte Generation Porno“ ein Medienphänomen ist. „Natürlich gibt es Einzelfälle“, sagt sie, aber sie wären keineswegs repräsentativ für die Masse. Wir scheinen also von einer „sexuellen Tragödie“ ziemlich weit entfernt zu sein.

Jagoda Marinić: Ausgestochen (2001)

Er sitzt am Tisch des Cafés und erzählt mir von dieser Frau, der er begegnet ist, davon, wie glücklich er ist, dass er sie kennt. Sie scheint erschreckend bezaubernd zu sein, die Art von Frau, die ich immer beneidet habe, die ich nie um mich herum haben wollte, aus Angst, nichts mehr zu sein neben jemandem, der so viel ist. Mit jedem seiner Sätze schnürt er mir mehr und mehr die Kehle zu. Ich hebe den Blick von meinem Cappuccino zu seinen Augen, muss in ihnen sehen, wie unerreichbar sie ist, die Frau seiner Träume, und zum ersten Mal verabscheue ich die Welt seiner Träume, für das, was sie ihm an Träumen so schickt. Er rührt die Milch in seinem Kaffee um, strahlt mich an und scheint nicht die geringste Ahnung zu haben, nicht das kleinste Gespür dafür, was er mir mit seinen Erzählungen über sie, über seine Gefühle zu ihr antut. Er denkt, es freut mich, er denkt, ich fühle mit ihm, freue mich mit ihm, aber mir tut es nur weh, dass er sie kennt und dass er sie so sieht. Sie ist so stark, so stark, wie ich nie war und gewiss auch nie sein werde, es liegt nicht in meiner Natur. Ich bin stark im Schwachsein, aber das interessiert ihn gerade, während er mir von ihr vorschwärmt, nicht im Geringsten. Nach einer Ewigkeit des Gelähmtseins frage ich mich, woher diese Frau eigentlich ihre Großherzigkeit, ihren Zauber nimmt, ob sie denn überhaupt etwas Menschliches an sich hat, frage ich mich – nicht ihn. Von ihm habe ich ja schon unzählige Versionen darüber gehört, wie übermenschlich er sie findet, geradezu göttlich. Wie er zu seinem nächsten Satz ausholt, packe ich meine Tasche. Ich kann mir das nicht länger anhören. Ich dachte, ich fühle mit ihm, ich dachte, wir teilen etwas miteinander, und dann erzählt er mir ständig nur von ihr, lässt diese Hymne an diese verdammte Person, mit der ich es ohnehin nicht aufnehmen kann, nie ausklingen. Nie. Ich hasse ihn jetzt, hasse ihn mit meinem Blick, den ich ihm zuwerfe, bevor ich aufstehe und das Café verlasse. Und weiß, er sieht ihr nach und versteht sie plötzlich nicht mehr.

Bertolt Brecht: Liebe zu wem?

Von der Schauspielerin Z. hieß es, sie habe sich aus unglücklicher Liebe umgebracht. Herr Keuner sagte: „Sie hat sich aus Liebe zu sich selbst umgebracht. Den X. kann sie jedenfalls nicht geliebt haben. Sonst hätte sie ihm das kaum angetan. Liebe ist der Wunsch, etwas zu geben, nicht zu erhalten. Liebe ist die Kunst, etwas zu produzieren mit den Fähigkeiten des andern. Dazu braucht man von dem andern Achtung und Zuneigung. Das kann man sich immer verschaffen. Der übermäßige Wunsch, geliebt zu werden, hat wenig mit echter Liebe zu tun. Selbstliebe hat immer etwas Selbstmörderisches.“

Johann Wolfgang von Goethe: Mailied

Wie herrlich leuchtet
Mir die Natur!
Wie glänzt die Sonne!
Wie lacht die Flur!

Es dringen Blüten
Aus jedem Zweig
Und tausend Stimmen
Aus dem Gesträuch

Und Freud‘ und Wonne
Aus jeder Brust.
O Erd‘, o Sonne!
O Glück, o Lust!

O Lieb‘, o Liebe!
So golden schön,
Wie Morgenwolken
Auf jenen Höhn,

Du segnest herrlich
Das frische Feld,
Im Blütendampfe
Die volle Welt.

O Mädchen, Mädchen,
Wie lieb‘ ich dich!
Wie blickt dein Auge,
Wie liebst du mich!

So liebt die Lerche
Gesang und Luft,
Und Morgenblumen
Den Himmelsduft,

Wie ich dich liebe
Mit warmem Blut,
Die du mir Jugend
Und Freud‘ und Mut

Zu neuen Liedern
Und Tänzen gibst.
Sei ewig glücklich,
Wie du mich liebst.

Texte überarbeiten

9.1

Lesen Sie zunächst den Text „Ausgestochen“ von Jagoda Marinić. Besprechen Sie gemeinsam in der Klasse:

a Welche Wirkung entsteht durch den Perspektivwechsel am Ende des Textes?

b Mit welchen sprachlichen Mitteln gelingt es der Erzählerin, eine Distanz zum Mann herzustellen?

c Entwerfen Sie eine Interpretationshypothese zum Text (vgl. Kap. 8) und formulieren Sie die These schriftlich.

Interpretationshypothese: ____________________

____

____

____

____

9.2

Lesen Sie den folgenden Anfang eines Interpretationsaufsatzes eines Schülers. Bearbeiten Sie anschließend gemeinsam mit Ihrer Sitznachbarin bzw. Ihrem Sitznachbarn die Teilaufgaben a–e. Arbeiten Sie dabei so, dass Sie zunächst unabhängig voneinander eine Teilaufgabe bearbeiten, sich gegenseitig die Arbeitsergebnisse vorstellen und sie dann gemeinsam so lange besprechen, bis Sie sich auf eine gemeinsame Antwort verständigt haben. Haben Sie alle Teilaufgaben bearbeitet, werden sie in der Klasse besprochen.

a Ermitteln Sie, wo die Einleitung endet und der Hauptteil beginnt. Bewerten Sie die Überleitung zwischen den beiden Textteilen.

b Stellen Sie dar, auf welche inhaltlichen Aspekte in der Einleitung und zu Beginn des Hauptteils eingegangen wird. Bewerten Sie die Reihenfolge der Darstellung der Untersuchungsergebnisse. Überprüfen Sie in diesem Zusammenhang auch, ob die Ausführungen des Schülers inhaltlich korrekt sind (sich mit der Kurzgeschichte decken).

c Benennen Sie die Interpretationshypothese des Schülers.

d Überlegen Sie, auf welche weiteren Aspekte der Kurzgeschichte eingegangen werden müsste, um die Interpretationshypothese zu stützen.

e Der Schüler zitiert in diesem Ausschnitt mehrfach aus der Kurzgeschichte. Prüfen Sie, ob die Zitate jeweils korrekt sind.

Interpretation der Geschichte „Ausgestochen“ von Jagoda Marinić

In ihrer 2001 erschienenen Kurzgeschichte „Ausgestochen“ schildert Jagoda Marinić die Begegnung zwischen einem Mann und einer von ihm bewunderten Frau. Das Thema der Geschichte ist die Differenz zwischen Fremd- und Selbstwahrnehmung, die zu einem – gerade auch erzähltechnisch – überraschenden Ende führt.

Der Erzähltext steigt – typisch für Kurzgeschichten – unmittelbar in das Geschehen ein. Ein Mann und eine Frau sitzen in einem Café. Der Mann macht, wie sich erst am Textende herausstellt, der Ich-Erzählerin Komplimente, die die Erzählerin aber als bedrückend empfindet. Alles, was der Mann sagt, wirkt auf sie so, als spräche er über eine ihr unbekannte Frau, mit der sie „es ohnehin nicht aufnehmen kann“. Durch den letzten Satz wird dann deutlich, dass die angesprochene Person (also „ich“) mit „ihr“ identisch ist, d. h. der Mann sich die ganze Zeit an die Erzählerin selbst gewandt hat. Trotzdem sich dies erst ganz am Ende zeigt, erhellt sich auch von dort aus die Distanz der Erzählerin zum Mann bzw. zu dessen Redeinhalt: Sie sieht sich so wenig in den Äußerungen des Mannes, dass sie auf sich wie auf eine Person verweist. Neben den Personalpronomen tragen auch die Demonstrativpronomen zur Schaffung der Distanz bei (vgl. „diese Frau“, „Hymne an diese verdammte Person“). Schließlich verlässt die Ich-Erzählerin den Mann, d. h. lässt ihn alleine im Café zurück.

Entlarvt wird in dem Text die Oberflächlichkeit vieler Komplimente, die zwar nett gemeint sein mögen, aber – zumindest in diesem Falle – nicht nur der Person nicht gerecht werden, sondern die Ich-Erzählerin auch überfordern, weil „diese Frau […] überhaupt nichts Menschliches an sich hat“. Weil die Ich-Erzählerin überfordert ist, finden sich auch eindrückliche sprachliche Bilder in der Kurzgeschichte, z. B.: „Mit jedem seiner Sätze schnürt er mir die Kehle zu.“ oder „Ich bin stark im Schwachsein, aber das interessiert ihn […] nicht im Geringsten.“ […]

9.3 **Überarbeiten Sie nun auf der Grundlage Ihrer Arbeitsergebnisse aus Aufgabe 9.2 gemeinsam mit Ihrer Sitznachbarin bzw. Ihrem Sitznachbarn den Text des Schülers. Gehen Sie wie folgt vor:**

a Markieren Sie zunächst alle Stellen im Text des Schülers, die Sie überarbeiten wollen, und versehen Sie sie mit Fußnoten.

b Formulieren Sie auf einem eigenen Blatt Papier Ihre Verbesserungen.

c Schreiben Sie nun den ganzen Text auf ein neues Blatt Papier. Achten Sie dabei darauf, dass Sie einen breiten Rand und zwischen den Zeilen jeweils eine Freizeile lassen.

W Die **inhaltliche Überarbeitung eines Textes** betrifft vor allem:

- **Gliederung:**
  - Ist eine Überschrift für Ihren Text nötig? Haben Sie für Ihren Text eine passende Überschrift gefunden?
  - Sind die drei Teile (in der Regel Einleitung, Hauptteil und Schluss) Ihrer Arbeit deutlich voneinander abgrenzt? Ist der Hauptabschnitt Ihres Textes in nicht zu große Sinnabschnitte (Absätze) unterteilt?
  - Sind die Abschnitte in der richtigen logischen und zeitlichen Abfolge angeordnet? – Sie können dies testen, indem Sie versuchen, Textstellen untereinander auszutauschen: Eine zwingende Abfolge ergibt sich nur dann, wenn einzelne Stellen nicht austauschbar sind.
  - Ist in Ihrem Text ein roter Faden erkennbar?
  - Überprüfen Sie absatzweise: Erleichtert meine Gliederung den Lesern die Orientierung? Habe ich zu jedem „1." oder „einerseits" ein passendes „2." oder „andererseits"?
- **Inhalt bzw. Argumentation:**
  - Gleichen Sie Ihren Text mit dem Schreibplan ab: Haben Sie alle wesentlichen inhaltlichen Aspekte (Analyseergebnisse, Argumente) berücksichtigt?
  - Ist Ihre Meinung (Ihre Interpretationshypothese) so deutlich formuliert, dass sie von anderen klar erkannt werden kann?
  - Ist Ihre Darstellung in sich stimmig, d. h. leuchtet die Abfolge der verschiedenen Untersuchungsergebnisse ein oder gibt es Gedankensprünge und/oder inhaltliche Lücken?
  - Überprüfen Sie absatzweise, ob die Textstellen Ihres Textes dem Beleg einer Behauptung dienen oder ob in ihr neue Behauptungen aufgestellt werden. Alle Ihre Behauptungen sollten Sie auch belegen (durch Begründungen, aber auch Zitate bzw. Verweise auf den oder die Texte).
  - Prüfen Sie satzweise: Stehen alle Teilsätze in der richtigen logischen Beziehung zueinander (muss also z. B. wirklich „damit" stehen oder eher richtig „weil").
  - Haben Sie auf alle unbegründeten Meinungsäußerungen, Einschätzungen, Wertungen usw. verzichtet? Dort, wo Sie ein eigenes Urteil fällen, müssen Sie es genau und nachvollziehbar begründen; beachten Sie hierbei, dass oft schon „einfache" Adjektive Wertungen ausdrücken (wie z. B. gut, schön, interessant, spannend usw.).
- **Formales:**
  - Passen die Fachausdrücke an allen Stellen genau? Wo sind Fachausdrücke ggf. verzichtbar, wo könnte man sich durch einen Fachausdruck präziser ausdrücken?

Beachten Sie:

- Auch das Überarbeiten von Texten ist Übungssache. Je öfter Sie Ihre Texte überarbeiten (z. B. bei Hausübungen), desto mehr werden Sie beim Schreiben an Sicherheit gewinnen, wodurch sich dann die eigentliche Korrektur bzw. Überarbeitung reduziert.
- Die in der Übersicht genannten Aspekte können und sollten Sie (vor allem bei Klausuren) im Wesentlichen bereits an Ihren Schreibplan richten, denn natürlich können Sie in Klausuren nur noch bedingt Änderungen vornehmen.
- Wie für das Schreiben gilt auch für die inhaltliche Überarbeitung, dass sie planmäßig erfolgen sollte; d. h. dass Sie sich zunächst einen Überblick über alle notwendigen Korrekturen verschaffen und erst dann mit der Überarbeitung beginnen sollten.
- Textstellen, die Sie überarbeiten wollen, sollten Sie durchstreichen und mit einer Fußnote versehen. Mit derselben Fußnote kennzeichnen Sie Ihre Überarbeitung, die möglichst nahe bei der gestrichenen Textstelle stehen sollte. Das bedeutet, dass Sie beim Schreiben Platz für mögliche Korrekturen einplanen sollten (am besten lassen Sie einen breiten Rand stehen, lassen zwischen Absätzen eine Zeile frei sowie am unteren Blattrand etwas frei).

9.4 **Prüfen Sie die logische Richtigkeit der markierten Wörter in den folgenden Sätzen aus dem Interpretationsaufsatz. Verbessern Sie die Formulierungen gegebenenfalls.**

a Durch den letzten Satz wird dann deutlich, dass die angesprochene Person (also „ich") mit „ihr" identisch ist, …

b Trotzdem sich dies erst ganz am Ende zeigt, erhellt sich auch von dort aus die Distanz der Erzählerin zum Mann bzw. zu dessen Redeinhalt: …

c Weil die Ich-Erzählerin überfordert ist, finden sich auch eindrückliche sprachliche Bilder in der Kurzgeschichte, …

56m8ae

W Neben der Kontrolle von Rechtschreibung und Zeichensetzung sollten Sie bei der **sprachlichen Überarbeitung eines Textes** folgende Punkte beachten:

- **Stil bzw. Ausdruck:**
  - Ist Ihr Text in einem standardsprachlichen (dialektfreien) Stil verfasst? Sind Abweichungen vom Standard ggf. sachlich begründet?
  - Haben Sie überall den jeweils passenden (genauen) Ausdruck bzw. Begriff für einen Sachverhalt verwendet?
  - Haben Sie anschaulich geschrieben? Sind die von Ihnen gewählten sprachlichen Bilder stimmig und sachlich richtig?
  - Sind Wortwiederholungen sachlich bzw. inhaltlich gerechtfertigt (z. B. weil es sich um einen speziellen, genau passenden Begriff handelt) oder lässt sich ein besserer bzw. abwechslungsreicherer Ausdruck finden? – Beachten Sie hier: Formulierungsfaulheit lässt sich nicht dadurch verdecken, dass Sie einen unpassenden Begriff in Anführungszeichen setzen.
  - Ist die Verwendung von modifizierenden Ausdrücken (z. B. „vielleicht", „wohl", „möglicherweise" usw.) sachlich gerechtfertigt oder ist diese Vagheit nur inhaltliche Unsicherheit?
- **Textzusammenhang:**
  - Ist an allen Stellen deutlich, worauf sich die Pronomen (z. B. „sie", „dies", „hiermit" usw.) beziehen?
  - Lassen sich Indefinitpronomen (z. B. „man", „vieles", „einiges" usw.) durch einen genaueren Ausdruck ersetzen?
  - Sind die Übergänge zwischen einzelnen Textteilen (also etwa zwischen Einleitung und Hauptteil oder zwischen zwei Absätzen) flüssig formuliert? Sind alle Satzanschlüsse richtig und ohne Weiteres verständlich?
  - Ist in allen Sätzen klar, wer (als Subjekt) was tut (als Prädikat)? Sind subjektlose Sätze wirklich so gewollt?
- **Grammatik** – außer den Grammatikfehlern im engeren Sinne (richtige Fallendungen, Kongruenz zwischen Subjekt und Prädikat, …) sollten Sie prüfen:
  - Tempus: Sind andere Tempora als das Präsens wirklich richtig, d. h. sachlich bzw. inhaltlich gerechtfertigt?
  - Sind indirekte Reden klar als solche gekennzeichnet (durch die Verwendung des Konjunktivs und/oder redeeinleitende Verben)?
  - Wo verwenden Sie den Konjunktiv und warum? – Vermeiden sollten Sie hypothetische (= unbewiesene, bloß angenommene) Aussagen dann, wenn Sie Ihrer eigenen Unsicherheit entspringen.
  - Satzbau: Lassen sich komplexe Satzgefüge auch einfacher gestalten? Können bei gereihten Hauptsätzen Aussagen zusammengefasst werden?

9.5 **Tauschen Sie mit Ihren Mitschülerinnen und Mitschülern Arbeiten, die Sie im Fach Deutsch zuletzt verfasst haben. Prüfen Sie mit Hilfe der Wissensbox, welche Verbesserungen vorgenommen werden könnten. Stellen Sie diese Verbesserungsvorschläge jeweils Ihrem Mitschüler/Ihrer Mitschülerin vor. Überarbeiten Sie Ihren eigenen Text auf der Grundlage der Verbesserungsvorschläge.**

Eine Textinterpretation schreiben

W **Textinterpretationen** sind schriftlichen Analysen (vgl. Kap. 3) vergleichbar, enthalten jedoch eine Hypothese zur Textdeutung (Interpretationshypothese, vgl. Kap. 8).

Beim **Schreiben einer Textinterpretation** können Sie so vorgehen:

Schritt 1: Aufgabenstellung erfassen (vgl. Kap. 4), Ausgangstext lesen – Formulieren einer ersten Deutungsvermutung
Schritt 2: Texte aspekteorientiert untersuchen – Welche Aspekte für eine Textuntersuchung lohnend sind, ergibt sich manchmal aus der Aufgabenstellung; beachten Sie im Übrigen die Hinweise zur Entwicklung einer Interpretationshypothese (vgl. Kap. 8). In jedem Falle sollte in einer Textinterpretation zumindest kurz Stellung genommen werden zu:

Lyrik	Prosa	Drama
▪ Textsorte (Sonett, Volkslied, ...) und Genre (z. B. Naturlyrik) ▪ Aufbau (Zahl der Strophen und Verse, Reimschema, Metrum, Rhythmus) ▪ Thema bzw. Inhalt ▪ zentrale Motive bzw. Bilder im Gedicht ▪ Sprache bzw. Stil	▪ Textsorte (Parabel, Kurzgeschichte, …) ▪ Erzählform und -verhalten (z. B. Ich-Erzähler/in) sowie Erzählweise ▪ inhaltliche Zusammenfassung ▪ Figurenkonzeption, Raum- und Zeitgestaltung ▪ Sprache bzw. Stil	▪ Textsorte (Komödie, bürgerliches Trauerspiel, …) ▪ Gliederung in Akte (Aufzüge), Szenen (Auftritte); ggf. Einordnung in das Stück ▪ inhaltliche Zusammenfassung ▪ Figurenkonzeption und Figurenrede ▪ Sprache bzw. Stil

Schritt 3: Interpretationshypothese formulieren und überprüfen (vgl. Kap. 8)
Schritt 4: Gliederung erstellen – Der Aufbau von Interpretationsaufsätzen enthält folgende Teile:
- Einleitung: Nennung von Titel, Textsorte, Autor/Autorin sowie Thema (und ggf. des Erscheinungsdatums oder der Entstehungszeit) des Textes; Überleitung zum Hauptteil (z. B. mit einem Hinweis über das Thema, das in eine kurze inhaltliche Darstellung führt, oder mit einem Hinweis auf Ihre Interpretationshypothese, …)
- Hauptteil: Darstellung des Textinhaltes; Darlegung der Untersuchungsergebnisse mit Bezug zur Interpretationshypothese; ggf. ergänzende Hinweise zu Sprache, Figurenkonzeption, … (siehe oben Schritt 2)
- Schluss: Hier können Sie Ihre wichtigsten Untersuchungsergebnisse zusammenfassen, den Text bewerten (mit Begründung), auf Ihre aktuelle Lebenssituation beziehen, … – Beachten Sie in jedem Fall, dass sich zwischen Einleitung und Schluss ein roter Faden ergeben sollte.

Schritt 5: Textinterpretattion schreiben
Schritt 6: Überarbeitung der Textinterpretation

9.6 **Lesen Sie das Gedicht „Allan bist gar nix" von Trude Marzik.**

a Formulieren Sie eine erste Deutungsvermutung.

b Untersuchen Sie das Gedicht unter den in der Wissensbox zur „Lyrik" genannten Gesichtspunkten und halten Sie Ihre Untersuchungsergebnisse stichwortartig fest. Beachten Sie zur Lyrik im Anhang außerdem die Seiten 93 f.

9.7 **Entwickeln Sie, wie in Kap. 8 beschrieben, eine Interpretationshypothese zum Gedicht „Allan bist gar nix" von Trude Marzik. Stellen Sie Ihre Hypothese in der Klasse vor und diskutieren Sie sie mit Ihren Mitschülerinnen/Mitschülern. Formulieren Sie ggf. Ihre Interpretationshypothese präziser.**

abschließende Interpretationshypothese: ......

9.8 **Erstellen Sie nun einen Schreibplan für eine Textinterpretation zum Gedicht „Allan bist gar nix" von Trude Marzik. Überprüfen und präzisieren Sie diesen Schreibplan mit Hilfe der Wissensbox „Inhaltliche Überarbeitung eines Textes".**

9.9 **Schreiben Sie jetzt Ihre Textinterpretation (zwischen 540 und 660 Wörter). Achten Sie beim Schreiben darauf, dass Sie genügend Platz für eventuelle weitere Korrekturen lassen. Überprüfen Sie Ihre Arbeit abschließend noch einmal inhaltlich.**

9.10 **Schreiben Sie weitere Textinterpretationen zu literarischen Texten, über die Sie bereits in diesem Band gearbeitet haben, z. B. Robert Walser: Der verlorene Sohn (S. 22 f.), Friedrich Dürrenmatt: Die Physiker (S. 40 f.) oder Ingeborg Bachmann: Freies Geleit (S. 48).**

Matura-Aufgaben

9.11

Trude Marzik: *Allaan bist gar nix*
Oliver Trenkamp: *Jugendstudie: Keusche Kuschler*
Bertolt Brecht: *Liebe zu wem?*

Verfassen Sie eine Empfehlung.

Situation: Die Redaktion der Schüler/innenzeitung Ihrer Schule möchte in der nächsten Ausgabe das Thema „Liebe" aufgreifen. Unter anderem hat sie sich bereits entschieden, das Mundartgedicht „Allan bist gar nix" von Trude Marzik abzudrucken. Die Redaktion hat nun Sie als Schülerin bzw. Schüler der Oberstufe gebeten, einen weiteren Text zu dem Thema auszuwählen, der vor allem die Schülerinnen und Schüler der Oberstufe ansprechen soll.

Lesen Sie die Texte „Allaan bist gar nix!" von Trude Marzik (S. 74), „Jugendstudie: Keusche Kuschler" von Oliver Trenkamp (S. 74 f.) sowie „Liebe zu wem?" von Bertolt Brecht (S. 75).

Verfassen Sie nun die **Empfehlung** und berücksichtigen Sie dabei die folgenden Arbeitsaufträge:

- Stellen Sie dar, welchen der Texte Sie unter den gegebenen Umständen für den geeignetsten halten. Beziehen Sie sich dabei auf das Gedicht von Trude Marzik.
- Führen Sie mindestens zwei Gründe für die von Ihnen getroffene Entscheidung an.

Schreiben Sie zwischen 405 und 495 Wörter. Markieren Sie Absätze mittels Leerzeilen.

9.12

Johann Wolfgang von Goethe: *Mailied*

Verfassen Sie eine Textinterpretation.

Lesen Sie das Gedicht „Mailied" von Johann Wolfgang von Goethe (S. 75).

Verfassen Sie nun die Textinterpretation und berücksichtigen Sie dabei die folgenden Arbeitsaufträge:

- Beschreiben Sie den formalen Aufbau des Gedichts sowie seine sprachliche Gestaltung.
- Deuten Sie das Gedicht vor dem Hintergrund der Zusatzinformationen.

Schreiben Sie zwischen 540 und 660 Wörter. Markieren Sie Absätze mittels Leerzeilen.

Zusatzinformationen zur „Sesenheimer Lyrik"

Während eines Elsassaufenthaltes gelangte Johann Wolfgang von Goethe als junger Mann im Herbst 1770 in das Dorf Ses[s]enheim. Dort lernte er die Familie des Landgeistlichen Brion kennen und verliebte sich in dessen Tochter Friederike. Die Trennung Goethes von Friederike „kostete" ihn, wie er viele Jahre später Charlotte von Stein gestand, „fast das Leben".

Johann Wolfgang von Goethes Gedichte an Friederike Brion, die sogenannten „Sesenheimer Lieder" – darunter „Kleine Blumen, kleine Blätter", „Willkommen und Abschied", „Mailied" sowie das bald zum „Volkslied" werdende „Heidenröslein" – sind der Beginn einer neuen lyrischen Epoche im deutschsprachigen Raum. Ihre revolutionäre Bedeutung besteht in der einzigartigen Vergegenwärtigung des Liebesglücks.

yc45ig

SPRACHRAUM 10

Erziehung

Die meisten Eltern wollen das Beste für ihre Kinder. Amy Chua, Amerikanerin chinesischer Abstammung, ist überzeugt, dass dieses Beste für die Kinder der Erfolg ist. Chua möchte, dass ihre beiden Töchter als Musikerinnen Erfolg haben. Dafür wendet sie alle Mittel an, bedroht ihre Töchter, besticht und erpresst sie.

Martina Leibovici-Mühlberger:
Ein Appell an die besonnenen Kräfte

Josef ist 13 Jahre alt und verweigert die Schule, Markus, acht, boykottiert den Gang auf die Toilette. Gregor, 14, hat seiner Mutter eine Schere in den Oberarm gerammt, weil sie ihm das Spielen am Computer verbieten wollte. Sie alle haben in den letzten Jahren auf der Couch der Psychologin und Ärztin Martina Leibovici-Mühlberger Platz genommen. Laut Leibovici-Mühlberger keine Einzelfälle, sondern Resultat einer Gesellschaft, welche die Kinder als Einkommensfaktor und Konsumenten entdeckt hat, und einer Erziehung, welche nicht mehr die Bedürfnisse der Kinder erfüllt, sondern in erster Linie ihre Wünsche, und die Angst davor hat, die Kinder anzuleiten und auch „Nein" zu sagen. Ihre Streitschrift „Wenn die Tyrannenkinder erwachsen werden", in dem sie Fälle wie die genannten analysiert, endet mit einem Appell an Eltern und Erziehende:

Verfallt nicht in nostalgischen Romantizismus oder aber zukunftsängstlichen Katastrophismus! Es war noch nie für alle gut, aber es könnte werden. Übernehmt Verantwortung! Reflektiert eure Rolle und erfüllt eure elterlichen Pflichten. Versucht nicht, das alte Gehorsamsgebot früherer Generationen neu zu etablieren, das kann uns auch nicht weiterhelfen. Wir haben es Gott sei Dank selbst demontiert, denn unser elterlicher Auftrag ist es nicht mehr, Untertanen zu erziehen, sondern Menschen zu begleiten, die auf die Fragen des „Wie unserer Zukunft" Antworten geben werden müssen. Vergesst nicht, dass diese Fragen immer auch eine ethische Komponente haben. Die richtigen Antworten auf diese Art von Fragen können nur selbstbewusst liebesfähige, in sich ruhende Menschen finden und nicht solche, die auf die Begrenzung ihres Egos bloß mit Angst, Hinterhältigkeit oder Aggression reagieren können, die nie in die zweite Reihe zurücktreten wollen und die keine Demut kennen. Demut, die entsteht, wenn man das große Ganze versteht und achtet.

„Erzieht uns endlich!", lautet der Appell der tyrannischen, verhaltensauffälligen Kinder, den sie dieser Elterngeneration und Gesellschaft täglich auf unterschiedlichste Weise ins Gesicht schreien. Dieses „Erzieht uns endlich!" ist auch ein Appell an die Elterngeneration der globalen Postmoderne, endlich selbst erwachsen zu werden. Denn mit dem „Kindsein" sind jetzt die Kinder dran! Gebt Kindern also, was sie wirklich brauchen, und drückt euch nicht davor, sie zu erziehen. Kinder brauchen sorgsam und respektvoll gesetzte Grenzen. Genauso wie sie Eltern brauchen, die wirklich für sie da sind. Vergesst nicht: Beziehung kann man nicht kaufen, man muss sie leben in vielen tausenden kleinen Momenten. Nicht im Geschenkehaufen unter dem Christbaum, nicht im großzügigen Taschengeld, nicht im mühsam erwirtschafteten Luxusgut aus der Technikkiste der Unterhaltungsindustrie oder in endlosem Online-Shopping werdet ihr Beziehung finden können. Es ist der kleine unspektakuläre Moment, das gemeinsam Geteilte und Erlebte, das Beziehung begründet. Die Alltagsrituale beim Zubettgehen, das gemeinsame Essen, das Gespräch über Alltägliches genauso wie über alles, was Kinder berührt, beängstigt, verwirrt. Der Spaziergang im Wald, das Aufstauen eines Bachs, das erste Fußballspiel, die endlosen Versuche, bis der selbst gebastelte Drache endlich am Himmel steht – dort wächst Beziehung, dort wird das Fundament von Bindung, Zugehörigkeit, Vertrauen, Zuverlässigkeit und wechselseitiger Verantwortlichkeit gelegt. Nicht nur als Generationenvertrag zwischen Eltern und Kindern, sondern auch als Vertrag mit der Welt, als ethisches Fundament, wie man mit dieser Welt sorgsam umgeht.

Erfüllt also nicht die Wünsche eurer Kinder, sondern in erster Linie ihre Bedürfnisse! Die sind ganz einfach zu ergründen. So kompliziert sind wir als Spezies nicht. Ein Smartphone oder Designerklamotten, ein Schokoriegel um Mitternacht oder irgendein anderer unbedingter Drang, etwas zu besitzen oder partout zu brauchen, ist kein Bedürfnis. Das sind höchstens soziale Insignien oder Ausdruck eines Selbstmanagementmangels. Die Bedürfnisse von Kindern sind ganz anderer Natur und hören sich vergleichsweise unspektakulär an: Nähe, Geborgenheit, Orientierung und liebevolle Führung, sich jemandem anvertrauen können, Konstanz, Konsequenz, Zuverlässigkeit, genügend zum Essen, damit dieser junge Körper wachsen kann, und Wärme, wenn es rundum kalt ist, Akzeptanz und als der gesehen werden, der man ist.

Werner Kofler: Lernprozesse

Ich habe gelernt zu sprechen: ich habe gelernt, schön zu sprechen und nach der schrift. (so schön hätte ich gesprochen – sprechen gekonnt, „ja wie machen sie das", haben die anderen frauen, die anderen mütter gefragt.) ich habe gelernt zu folgen, „ein kind hat zum folgen". ich habe gefolgt, aber es ist mir im grunde verhasst gewesen, zu folgen. ich habe gelernt, mein und dein zu unterscheiden: nichtsdestotrotz habe ich hin und wieder gestohlen. ich habe gelernt, die zehn gebote zu halten, die sieben todsünden zu meiden [...], die drei goldenen t des sports (technik, taktik, training) zu beachten. ich habe gelernt zu grüßen („laut und deutlich": ‚sgott frau longin, ‚sgott onkel mack, ‚sgott tante wetti, ‚sgott herr poglitsch, ‚sgott frau petamaia, ‚sgott fräuln dora, ‚sgott onkel rudi, ‚sgott!) ich habe gelernt, die hand zu geben und einen diener zu machen, „gib die hand und mach schön einen diener", hat die mutti gesagt, und ich habe die hand gegeben und tief den kopf gebeugt. ich habe gelernt, einkaufen zu gehen, schnell einkaufen zu gehen. (ich bin schnell zum kriebitsch gegangen. ich bin schnell zum pfeifer gegangen, ich bin schnell zum kröpfl gegangen, ich bin schnell zum putz gegangen. ich habe noch einmal zum kriebitsch gehn müssen, weil ich den zettel vergessen habe.) ich habe gelernt, mich nicht „ausfratscheln zu lassen", „ich darf mich nicht ausfratscheln lassen", hab ich zu frau jarisch, zur friseurin, auf ihre neugierigkindertümlichen fragen hin gesagt, „die mutti hat gesagt ich darf mich nicht ausfratscheln lassen!" (überhaupt sind die jarisch „jo so mißginstige leite" gewesen, durch und durch mißginstige leite sind die jarisch gewesen.) (ich habe gelernt / die menschen einzuteilen in rote und schwarze / gute kundschaftn und schlechte / brave kirchengeher und laxe / regelmäßige kommuniongänger und seltene /feine leute und gesindel / beim geld aber / ist mir beigebracht worden / sei es egal / von wem es komme; / es sei von allen, / roten und schwarzen / guten kundschaften und schlechten / braven kirchengehern und laxen / regelmäßigen kommuniongehern und seltenen / feinen leuten und vom gesindel / gleichermaßen willkommen.)

Amy Chua: Die Mutter des Erfolgs.
Wie ich meinen Kindern das Siegen beibrachte

Was meine Töchter Sophia und Louisa zum Beispiel niemals durften, war:

- bei Freundinnen übernachten
- Kinderpartys besuchen
- im Schultheater mitspielen
- sich beklagen, dass sie nicht im Schultheater mitspielen dürfen
- fernsehen oder Computerspiele spielen
- sich ihre Freizeitaktivitäten selbst aussuchen
- eine schlechtere als die Bestnote bekommen
- nicht in jedem Fach, außer Turnen und Theater, Klassenbeste sein
- ein anderes Instrument spielen als Klavier oder Geige – nicht Klavier oder Geige spielen. [...]

[Ich bin überzeugt,] dass 1. Hausaufgaben grundsätzlich an erster Stelle stehen, 2. ein A minus eine schlechte Note ist, 3. [meine] Kinder in Mathe den Mitschülern immer um zwei Jahre voraus sein müssen, 4. man die Kinder nie öffentlich loben darf, 5. man im Fall einer Meinungsverschiedenheit zwischen dem eigenen Kind und einem Lehrer oder Trainer immer die Partei des Lehrers oder Trainers ergreifen muss, 6. die einzigen Freizeitbeschäftigungen, die man den Kindern erlauben sollte, solche sind, die ihnen am Ende eine Medaille eintragen, und diese Medaille aus Gold sein muss. [...]

Zum Beispiel wird ein Kind, das ein A minus nach Hause bringt, von westlichen Eltern meistens gelobt. Die chinesische Mutter hingegen ringt vor Entsetzen nach Luft und will wissen, was schiefgegangen ist. Kommt ein Kind mit der Note B nach Hause, werden manche westlichen Eltern das Kind immer noch loben. Andere westliche Eltern setzen sich mit dem Kind hin und äußern zwar Missbilligung, achten dabei aber darauf, das Kind nicht zu verunsichern oder ihm das Gefühl zu geben, es sei unzulänglich, und ganz bestimmt sagen sie ihm nicht, dass es „dumm", „wertlos" oder „eine Schande" sei. [...]

Brächte ein chinesisches Kind die Note B nach Hause, was nie passiert –, käme es erst mal zu einem schreienden, Haare raufenden elterlichen Donnerwetter. Daraufhin würde die am Boden zerstörte chinesische Mutter Dutzende, vielleicht Hunderte Prüfungsaufgaben beschaffen und mit ihrem Kind so lange pauken, bis es für ein A reicht. Chinesische Eltern fordern erstklassige Noten, weil sie überzeugt sind, dass ihr Kind dazu fähig ist. Schneidet ihr Kind nicht erstklassig ab, gehen die chinesischen Eltern davon aus, dass das Kind sich nicht genug angestrengt hat. Deshalb besteht die Antwort auf ungenügende Leistungen immer darin, das Kind niederzumachen, zu bestrafen, zu beschämen. [...] Deshalb glauben chinesische Eltern, dass sie wissen, was für ihre Kinder das Beste ist, und setzen sich folglich über sämtliche Wünsche und Vorlieben ihrer Kinder hinweg. Deshalb dürfen chinesische Töchter in der Highschool keinen Freund haben und chinesische Kinder nicht ins Ferienlager, und kein chinesisches Kind würde es jemals wagen, seiner Mutter zu verkünden: „Ich darf im Schultheater mitspielen! Ich muss jetzt nach der Schule von drei bis sieben zur Probe, und am Wochenende musst du mich rumfahren!" Gnade Gott jedem chinesischen Kind, das auf solche Ideen käme.

Zitieren, Paraphrasieren

10.1

Lesen Sie den Text „Ein Appell an die besonnenen Kräfte“ von Martina-Leibovici-Mühlberger. Diskutieren Sie anschließend mit Ihren Mitschülerinnen und Mitschülern, ob die im folgenden Textauszug markierte Stelle ein Zitat darstellt.

„Erzieht uns endlich!“, lautet der Appell der tyrannischen, verhaltensauffälligen Kinder

10.2

Paraphrasieren Sie die Aussagen des Textes „Ein Appell an die besonnenen Kräfte“ zunächst mündlich, anschließend schriftlich. Arbeiten Sie bei der schriftlichen Paraphrase mit einer Mitschülerin oder einem Mitschüler zusammen. Vergleichen Sie anschließend in der Klasse Ihre Ergebnisse.

10.3

Geben Sie die folgenden Sätze aus dem Text „Ein Appell an die besonnenen Kräfte“ als indirekte Rede wieder.

a Martina Leibovici-Mühlberger: So kompliziert sind wir als Spezies nicht.

Martina-Leibovici-Mühlberger schreibt, dass

b Martina Leibovici-Mühlberger: Erfüllt also nicht die Wünsche eurer Kinder, sondern in erster Linie ihre Bedürfnisse!

Martina-Leibovici-Mühlberger fordert dazu auf,

10.4

In den folgenden Sätzen sind Zitate aus dem Text „Ein Appell an die besonnenen Kräfte“ enthalten. Ergänzen Sie in den Sätzen die fehlenden Anführungszeichen, eckigen Klammern und Auslassungspunkte. Beachten Sie, dass es manchmal mehrere Möglichkeiten gibt, das Zitat zu kennzeichnen.

a Liest man den Text von Leibovici-Mühlberger muss man annehmen, dass viele Eltern zu nostalgischem Romantizismus oder aber [zu] zukunftsängstlichem Katastrophismus neigen (vgl. Martina-Leibovici-Mühlberger, Z. 1)

b Martina Leibovici-Mühlberger behauptet in ihrem Text, dass die Bedürfnisse von Kindern ganz anderer Natur sind und sich vergleichsweise unspektakulär anhören (Martina Leibovici-Mühlberger, Z. xy)

10.5 **Diskutieren Sie gemeinsam in der Klasse, in welchen Fällen Zitate sinnvoll sind. Unterscheiden Sie dabei zwischen verschiedenen Textsorten (wie Zusammenfassung, Kommentar oder Textinterpretation). Leiten Sie aus Ihren Überlegungen Schreibregeln ab und formulieren Sie diese schriftlich.**

Zitate sind besonders sinnvoll, wenn

a. ______________________________

____

____

____

____

b. ______________________________

____

____

____

____

c. ______________________________

____

____

____

____

d. ______________________________

____

____

____

____

W Das **Zitieren** ist eine zentrale Technik des sachlichen (und in der Folge des wissenschaftlichen) Schreibens. Wer richtig zitiert, zeigt damit zugleich, dass er sorgfältig mit Texten umgehen kann und das geistige Eigentum anderer respektiert. Man unterscheidet drei Hauptformen:

- wörtliches Zitat (in Form der direkten Rede)
- indirektes Zitat (in Form der indirekten Rede)
- Redeverweis

Vor allem in publizistischen Texten kommt es oft auch zu Verschmelzungen der drei Formen. Was in einem Kommentar oder einer Rede angemessen ist, sollten Sie in Interpretations- und Analysearbeiten jedoch vermeiden.

Für **das wörtliche Zitat** gilt:

- wörtlich von anderen übernommene Äußerungen werden, unter Angabe der Quelle, in Anführungszeichen wiedergegebenen: „Zum Beispiel wird ein Kind, das ein A minus nach Hause bringt, von westlichen Eltern meistens gelobt. Die chinesische Mutter hingegen ringt vor Entsetzen nach Luft und will wissen, was schiefgegangen ist.“ (A. Chua: Die Mutter des Erfolgs, Z. 27 ff.)
- Ergänzungen und Umstellungen werden durch eckige Klammern gekennzeichnet: Laut Text „ringt [eine] [chinesische Mutter] nach Luft und will wissen, was schiefgegangen ist“ (A. Chua: Die Mutter des Erfolgs, Z. 29 f.).
- Auslassungen werden durch drei Punkte (ebenfalls in eckigen Klammern) angezeigt: „Die chinesische Mutter hingegen [...] will wissen, was schiefgegangen ist“ (A. Chua: Die Mutter des Erfolgs, Z. 29 f.).
- Einzelne Wörter oder Wendungen können auch ohne Auslassungshinweise übernommen werden: In diesem Zusammenhang spricht Amy Chua denn auch vom „Siegen“.

Beachten Sie: Die ausführliche Quellenangabe mit Autor bzw. Autorin und Titel ist natürlich nur dann notwendig, wenn mehrere Texte vorliegen; hat eine Aufgabe nur einen einzigen Text als Materialgrundlage, können Sie darauf verzichten. Für die Zeilenangabe gilt: Wenn Ihnen ein Text mit Zeilenangaben vorgelegt wird, sollten Sie diese beim Zitieren auch nutzen; dagegen müssen Sie Ihre Zeit während der Maturaklausur nicht damit verbringen, Textzeilen zu zählen. Bei Gedichten ist es üblich, bei Zitaten die Versnummer anzugeben, also z. B. „(V. 2 f.)" (wenn sich das Zitat über Vers 2 und 3 erstreckt) oder „(V. 2 ff.)" (wenn sich das Zitat über Vers 2, 3 und 4 erstreckt).

Für **das indirekte Zitat** gilt:

- Vor allem in nicht-publizistischen Texten erfolgt die Kennzeichnung wie in der indirekten Rede, d. h. mit einem redeeinleitenden Wort (also „sagen", „behaupten", „fragen", „feststellen" usw.), einem Satzanschluss (meist „dass", „ob" oder Fragepronomen) und/oder dem Prädikat im Konjunktiv I (bzw. einer Ersatzform).
- In publizistischen Texten bzw. bei längeren indirekten Redewiedergaben ist häufig das Prädikat im Konjunktiv I das alleinige Kennzeichen der Redewiedergabe.
- Auch für indirekte Zitate gilt, dass dort, wo es sinnvoll (d. h. für die Leserinnen und Leser hilfreich) ist, Quellenangaben gemacht werden sollten.

Der **Redeverweis** ist ein mehr oder weniger deutlicher Hinweis darauf, dass (und was) jemand gesagt bzw. geschrieben hat, z. B.:

- Max sagte sein Kommen schriftlich zu. – Hier ist also sowohl klar, wer geschrieben hat (Max), dass etwas geschrieben wurde als auch im Kern, was geschrieben wurde.
- Josef Schorn und Alexander Purger stützen sich in ihrem Text auf die Aussagen von Luis Glück, der ihren Angaben zufolge ein Redeprofi ist.

Redeverweise sind dabei stets eine Form der Paraphrase.

Das griechische Wort **Paraphrase** bedeutet nichts anderes als „**Umschreibung**", und genau dies ist bis heute auch damit gemeint. Das Paraphrasieren wird in der einen oder anderen Form in allen Maturaufgaben von Ihnen verlangt, sei es als Redeverweis, sei es als Zusammenfassung (auch von kleineren Textabschnitten) oder sei es als Wiedergabe einer Argumentation. Wie und was man paraphrasiert, ist dabei sehr aufgaben- und damit situationsbezogen. Allgemein gilt, dass Sie stets in standardsprachlichen Sätzen paraphrasieren sollten, Wörter bzw. Ausdrücke oder Sätze, die stilistisch über oder unter dem Standard liegen, sollten Sie also besser wörtlich zitieren und entsprechend als Zitat kennzeichnen. Grundsätzliche Möglichkeiten der Paraphrase sind:

- Ersetzung eines Begriffs durch einen anschaulicheren, bildhafteren (z. B. „Feuerwerk von Gedanken" statt „zahlreiche Überlegungen")
- Ersetzung eines Begriffs durch einen allgemeineren oder spezifischeren (z. B. „Romanautor" oder „Lyriker" statt nur „Autor")
- Ersetzung eines Begriffs durch ein (partielles) Synonym (auch in Form eines Fachbegriffes oder eines Fremdwortes, z. B. „Deklination" statt „Beugung")

Matura-Aufgaben

10.6

Werner Kofler: *Lernprozesse*

Verfassen Sie eine Interpretation.

Lesen Sie den Text „Lernprozesse“ von Werner Kofler (S. 83).

Verfassen Sie nun die **Interpretation** und berücksichtigen Sie dabei die folgenden Arbeitsaufträge:
- Beschreiben Sie den Aufbau und die sprachliche Gestaltung des Textes.
- Deuten Sie den Text. Gehen Sie dabei darauf ein, welches Bild von der österreichischen Gesellschaft gezeichnet wird.

Schreiben Sie zwischen 540 und 660 Wörter. Markieren Sie Absätze mittels Leerzeilen.

10.7

Amy Chua: *Die Mutter des Erfolgs. Wie ich meinen Kindern das Siegen beibrachte*

Verfassen Sie eine Zusammenfassung.

Lesen Sie den Text „Die Mutter des Erfolgs. Wie ich meinen Kindern das Siegen beibrachte“ von Amy Chua (S. 83 f.).

Verfassen Sie nun die **Zusammenfassung** und berücksichtigen Sie dabei die folgenden Arbeitsaufträge:
- Geben Sie die wesentlichen Aussagen des Textes in verkürzter Form wieder.
- Bewerten Sie im Schlussteil Ihrer Arbeit den Text von Amy Chua.

Schreiben Sie zwischen 270 und 330 Wörter. Markieren Sie Absätze mittels Leerzeilen.

a89yz7 SPRACHRAUM 11

Ein Matura-Aufgabenpaket bearbeiten

11.1 **Untersuchen Sie mit Hilfe der Wissensbox auf Seite 90 die Aufgaben in den Abschnitten „Matura-Aufgaben" der Kapitel 2 bis 10. Jede einzelne dieser Aufgaben könnte Ihnen in ähnlicher Form in der Matura begegnen, aber nicht alle als „Teil-Pakete". Warum nicht? Begründen Sie.**

11.2 **Hier und im Folgenden finden Sie ein Aufgabenpaket, wie es Ihnen in der Matura begegnen könnte. Bearbeiten Sie das Paket, d. h. wählen Sie sich mit Hilfe der Wissensbox ein Thema aus und verfassen Sie unter Matura-Bedingungen (d. h. am Stück und ohne weitere Hilfsmittel außer einem Wörterbuch) die entsprechenden Texte. Mit einigem zeitlichen Abstand (von mindestens einer Woche) können Sie dann ein weiteres Thema unter Matura-Bedingungen bearbeiten.**

Matura-Aufgaben

Thema 1: Ungehorsam Entrüstung, Widerstand

Aufgabe 1
Werner Wintersteiner: *Empört euch!*

Verfassen Sie einen Leserbrief.

Situation: Sie haben in der Zeitung den Text „Empört euch!" von Werner Wintersteiner gelesen und möchten sich in Form eines Leserbriefs zum Inhalt des Zeitungsartikels äußern.

Lesen Sie den Text „Empört euch!" von Werner Wintersteiner (S. 67).

Verfassen Sie nun den **Leserbrief** und berücksichtigen Sie dabei die folgenden Arbeitsaufträge:

- Fassen Sie die Hauptaussage des Textes „Empört euch!" zusammen.
- Nehmen Sie in Ihrem Schreiben auf den Ausgangstext unter mindestens zwei Aspekten Bezug.

Schreiben Sie zwischen 270 und 330 Wörter. Markieren Sie Absätze mittels Leerzeilen.

Thema 1: Ungehorsam Entrüstung, Widerstand

Aufgabe 2
Erich Fried: *Die Abnehmer*

Verfassen Sie eine Textinterpretation.

Lesen Sie das Gedicht „Die Abnehmer" von Erich Fried (S. 67).

Verfassen Sie nun die **Textinterpretation** und berücksichtigen Sie dabei die folgenden Arbeitsaufträge:

- Analysieren Sie die formale und sprachliche Gestaltung des Gedichts.
- Entwickeln Sie eine Deutung des Gedichts. Belegen Sie Ihre Deutung durch selbst gewählte Textaspekte.

Schreiben Sie zwischen 540 und 660 Wörter. Markieren Sie Absätze mittels Leerzeilen.

Thema 2: Liebe

Aufgabe 1
Oliver Trenkamp: *Jugendstudie: Keusche Kuschler*

Verfassen Sie einen Kommentar.

Situation: Sie sind Chefredakteur bzw. Chefredakteurin der Schüler/innenzeitung Ihrer Schule. Nehmen Sie in Form eines Kommentars zum Thema des Textes „Jugendstudie: Keusche Kuschler" von Oliver Trenkamp Stellung und begründen Sie, weshalb sich die Redaktion zum Abdruck dieses Berichts entschieden hat.

Lesen Sie den Text „Jugendstudie: Keusche Kuschler" von Oliver Trenkamp (S. 74 f.).

Verfassen Sie nun den **Kommentar** und berücksichtigen Sie dabei die folgenden Arbeitsaufträge:
- Fassen Sie die Hauptaussagen des Textes „Jugendstudie: Keusche Kuschler" knapp zusammen.
- Stellen Sie dar, welche Inhalte des Textes aus Ihrer Sicht für Jugendliche von besonderem Interesse sein dürften. Berücksichtigen Sie dabei eigene Erfahrungen.
- Bewerten Sie abschließend kurz den Text „Jugendstudie: Keusche Kuschler".

Schreiben Sie zwischen 270 und 330 Wörter. Markieren Sie Absätze mittels Leerzeilen.

Thema 2: Liebe

Aufgabe 2
Bertolt Brecht: *Liebe zu wem?*

Verfassen Sie eine Textinterpretation.

Lesen Sie den Text „Liebe zu wem?" von Bertolt Brecht (S. 75).

Verfassen Sie nun die **Textinterpretation** und berücksichtigen Sie dabei die folgenden Arbeitsaufträge:
- Analysieren Sie die formale und sprachliche Gestaltung der Parabel.
- Entwickeln Sie eine Deutung der Parabel. Belegen Sie Ihre Deutung durch selbst gewählte Textaspekte und berücksichtigen Sie eigene Erfahrungen.

Schreiben Sie zwischen 540 und 660 Wörter. Markieren Sie Absätze mittels Leerzeilen.

Thema 3: Erziehung

Aufgabe 1
Amy Chua: *Die Mutter des Erfolgs. Wie ich meinen Kindern das Siegen beibrachte*

Verfassen Sie eine Erörterung.

Lesen Sie den Text „Die Mutter des Erfolgs. Wie ich meinen Kindern das Siegen beibrachte" von Amy Chua (S. 83 f.).

Verfassen Sie nun die **Erörterung** und berücksichtigen Sie dabei die folgenden Arbeitsaufträge:
- Fassen Sie die Hauptaussagen des Textes „Die Mutter des Erfolgs. Wie ich meinen Kindern das Siegen beibrachte" knapp zusammen.
- Erörtern Sie die Kernaussage(n) des Textes.
- Beziehen Sie eigene Erfahrungen mit in die Erörterung ein.

Schreiben Sie zwischen 540 und 660 Wörter. Markieren Sie Absätze mittels Leerzeilen.

Thema 3: Erziehung

Aufgabe 2
Werner Kofler: *Lernprozesse*

Verfassen Sie eine Zusammenfassung.

Lesen Sie den Text „Lernprozesse" von Werner Kofler (S. 83).

Verfassen Sie nun die **Zusammenfassung** und berücksichtigen Sie dabei die folgenden Arbeitsaufträge:
- Geben Sie die wesentlichen Inhalte des Textes in verkürzter Form wieder.
- Bewerten Sie den Text „Lernprozesse" von Werner Kofler vor dem Hintergrund Ihrer eigenen Erfahrungen.

Schreiben Sie zwischen 270 und 330 Wörter. Markieren Sie Absätze mittels Leerzeilen.

W Um bei der Matura das für Sie passende Paket auszuwählen, müssen Sie sich zunächst klarmachen, was genau Sie erwartet.
Bei der Prüfung erhalten Sie **drei Aufgabenpakete** mit jeweils zwei voneinander unabhängigen Aufgabenstellungen, also:

Thema 1 (mit mindestens zwei Texten bzw. Materialien)	Aufgabe 1a Aufgabe 1b
Thema 2 (mit mindestens zwei Texten bzw. Materialien)	Aufgabe 2a Aufgabe 2b
Thema 3 (mit mindestens zwei Texten bzw. Materialien)	Aufgabe 3a Aufgabe 3b

Die Aufgabenpakte sind dabei so gehalten, dass eine Aufgabe eine primär analytische, die zweite Aufgabe eine primär argumentative Kompetenz abprüft. Das bedeutet, dass Sie unabhängig von dem Paket, das Sie wählen, diese beiden zentralen Kompetenzen nachweisen müssen.

Es gilt außerdem:
- mindestens eine Aufgabenstellung (der dreimal zwei Aufgaben) enthält eine literarische Aufgabenstellung (und ist damit zugleich analytisch);
- mindestens eine Aufgabenstellung (der dreimal zwei Aufgaben) enthält eine Aufgabe, die in einen situativen Kontext eingebettet ist (also der Art: „Sie sind Redakteur/Redakteurin der Schülerzeitung und wollen …").

In der Regel wird zu jeder Teilaufgabe eines Themas (eines Pakets) von Ihnen das Schreiben eines Textes verlangt, wobei angegeben ist, wie umfangreich dieser Text sein soll (zwischen 300 und 600 Wörtern pro Text, insgesamt also rund 900 Wörter), wobei zugleich die Ober- und Untergrenzen angegeben sind (also z. B. „Schreiben Sie zwischen 270 und 330 Wörter." oder „Schreiben Sie zwischen 405 und 495 Wörter.")
Bedenken Sie hierbei:
- Beide Texte einer Aufgabenstellung werden gleich stark gewichtet. D. h., dass ein Text mit ca. 270 Wörtern (bei der Vorgabe 270 bis 330 Wörter) genau gleich viel zählt wie ein Text mit ca. 660 Wörtern (bei der Vorgabe 540 bis 660 Wörter).
- Der Umfang eines Textes sagt nichts über seine Qualität. Manchmal ist sogar das Gegenteil der Fall. Zum Beispiel kommt es gerade in Leserbriefen oder Kommentaren darauf an, möglichst knapp das Wesentliche zu sagen.
- Wenn also umgekehrt eine relativ große Wortanzahl vorgegeben ist, sollten Sie daraus zuerst und vor allem schließen, dass es entsprechend viel zu sagen (darzustellen) gibt.

Bei der **Auswahl eines Aufgabenpakets** sollten Sie zum einen allgemeine Erfahrungswerte, zum anderen Ihre individuellen Stärken bzw. Schwächen berücksichtigen. Sie sollten beachten:
- Sachtexte sind leichter zu analysieren als literarische Texte. Wenn Sie also bei einer literarischen Aufgabenstellung nicht relativ schnell einen Zugang finden, dann meiden Sie diese Aufgabe besser.
- Bei argumentativen Aufgaben ist es schwerer, eine sehr gute Beurteilung zu erzielen als bei analytischen. Umgekehrt gilt dies auch: Bei argumentativen Aufgaben ist es leichter, eine mittlere Beurteilung zu erhalten, bei analytischen schwerer. Wenn Sie also im Fach Deutsch gut sind, kann es sich schon lohnen, z. B. eine literarische Interpretationsaufgabe zu bearbeiten; wenn Sie dagegen mit dem Fach Schwierigkeiten haben, meiden Sie diese Art von Aufgabenstellung besser und konzentrieren sich auf Pakete mit Sachtexten.
- Schließlich gilt: Je höher Ihr Bezug zu einem Thema, desto besser sind die Erfolgsaussichten. Wählen Sie also Themen auch danach aus, was Sie wirklich interessiert bzw. bei denen Sie glauben, etwas zu sagen zu haben.

Textinterpretation → fix eine Textsorte bei der Matura

GLOSSAR WICHTIGER FACHBEGRIFFE FÜR DIE ANALYSE VON LITERARISCHEN TEXTEN

Aus Platzgründen sowie der besseren Lesbarkeit zuliebe wird im Folgenden auf die Kennzeichnung weiblicher Personenkennzeichnungen verzichtet. Selbstverständlich sind – wie eigentlich immer im Deutschen – mit dem Genus keine Aussagen über das natürliche Geschlecht der bezeichneten Personen verbunden, der „Erzähler" oder der „Leser" kann also genauso weiblich sein, wie die „Person" oder die „Figur" selbstverständlich auch männlich sein kann.

EPIK

Autor
Autor und Erzähler sind nicht identisch. Der reale Autor erschafft vielmehr eine fiktive Erzählerstimme. Die Werte und die Weltsicht, die implizit oder explizit durch diese Erzählerstimme vermittelt werden, dürfen nicht mit den tatsächlichen Ansichten des Autors gleichgesetzt werden.

Darstellungsform
Der Erzähler verfügt über unterschiedliche Darstellungsformen, um dem Leser das Geschehen zu präsentieren:

Figuren	Figuren
Bericht: straffe, geraffte Darstellung der Handlung in zeitlicher Abfolge	direkte Rede
Beschreibung: anschauliche Darstellung z. B. von Schauplätzen, Figuren, Gegenständen	indirekte Rede
Szenische Darstellung: breite Erzählweise, meistens mit erzählter Figurenrede und Entfaltung der Situation (ähnlich der Szene im Drama)	**Erlebte Rede:** Wiedergabe von Gedanken und Gefühlen einer Figur in der 3. Person (ohne direkte oder indirekte Rede); Tempus: Präteritum
Kommentar: Eingreifen des Erzählers mit Bemerkungen, Urteilen oder Überlegungen	**Innerer Monolog:** Wiedergabe von Gedanken und Gefühlen einer Figur in der 1. Person; Tempus: Präsens

Erzählform
Man unterscheidet zwischen Er-/Sie-Erzählform und Ich-Erzählform.

Erzählperspektive/Erzählverhalten
- **auktoriales Erzählen:** Der Erzähler hat einen Überblick über das Geschehen und das Innere der Figuren (= allwissender Erzähler), er kann sich einmischen, kommentieren usw. und damit die Sicht- und Wahrnehmungsweise des Erzählten lenken; sein Standort liegt außerhalb des Geschehens.
- **personales Erzählen:** Der Erzähler übernimmt eine Figurenperspektive und erzählt aus deren Sicht; er ist am Geschehen beteiligt. Ich-Erzählungen sind meist personal erzählt, eher selten kommen auktoriale Ich-Erzählungen vor.
- **neutrales Erzählen:** Der Erzähler scheint ganz zu verschwinden; das Geschehen wird dem Leser scheinbar unvermittelt vor Augen gestellt.

Sowohl die **Erzählform** als auch die **Erzählperspektive** können innerhalb eines epischen Textes mehrfach wechseln.

Figuren
Der Erzähler kann seine Figuren (= Personen in einer Erzählung) direkt charakterisieren (beschreibend oder wertend) oder eine Figur durch eine andere bzw. durch die Figur selbst (direkt) charakterisieren lassen, er kann sie aber auch indirekt charakterisieren, d. h. dass sich der Charakter aus den Äußerungen und dem Verhalten einer Figur erschlossen werden muss. Der Gestaltung einer Figur liegt eine bestimmte Figurenkonzeption zugrunde: Figuren können gestaltet sein als Typen, individuelle Charaktere, statisch oder dynamisch (Entwicklung) usw.

Figurencharakteristik
Aspekte der Charakterisierung können sein:

äußeres Erscheinungsbild	Alter, Aussehen, Kleidung, …
Lebensumstände	Beruf, ökonomische Lage, gesellschaftliches Umfeld, …
Verhalten	Handeln, Sprechweise, Mimik, Gestik, …
Beziehung zu anderen Figuren	Verhalten und Einstellung ihnen gegenüber, verwandtschaftliche, freundschaftliche usw. Verbindungen, …
innere Einstellung	Interessen, Absichten (Ziele, Pläne, …), Gedanken, Gefühle, …

Figurenkonstellation
Der Erzähler plant auch die Beziehungen zwischen den Figuren sorgfältig; es ergeben sich drei Hauptkonstellationstypen:

- **Zentralfigur** („Held"), d. h. dass nur eine Figur im Zentrum steht.
- **Protagonist** (Spieler) – **Antagonist** (Gegenspieler), d. h. im Figurenensemble dominieren zwei gegensätzliche Hauptfiguren.
- **Dreieckskonstellation**, d. h. drei Figuren, die jeweils zueinander in Beziehung stehen, stehen im Zentrum.

Handlung
Komposition des Gesamtgeschehens (das meist auf einem Stoff beruht) durch den Autor. Häufig orientiert an bestimmten Handlungsmustern, die sich über Jahrhunderte in der Literatur entwickelt haben (z. B. die abenteuerliche Reise, die unglückliche Liebe, der Kampf gegen das Böse). Man kann unterscheiden zwischen:

- Haupthandlung und Nebenhandlung(en)
- Rahmenhandlung und Binnenhandlung (d. h. wenn in die eigentliche Erzählung eine umfangreiche Erzählung einer Figur eingebettet ist)
- äußerer Handlung (Ereignisse) und innerer Handlung (Gefühle und Gedanken) Da der Begriff Handlung die Erwartung erzeugt, dass die Figuren aktiv das Geschehen steuern, was aber vielfach gar nicht der Fall ist, wird oft der Begriff **Plot** bevorzugt.

Die Handlung kann strukturiert sein durch:

- die zeitliche Abfolge der Ereignisse (z. B. synchron – diachron; kontinuierlich – diskontinuierlich)
- die Handlungsstränge (einsträngig, mehrsträngig, verflochten)
- ein oder mehrere Motive (d. h. wiederkehrende thematische Elemente)
- andere erkennbare formale Strukturen (Spiegelungen, Kreisform, Simultaneität, Montage, Polyperspektivik – d. h. wenn es zu mehrfachen Perspektivwechseln kommt –, …)

Genres
Erzählgattung, epische Form, in der das Geschehen präsentiert wird; wichtige epische Formen sind u. a.:

- **Erzählung:** längerer, ästhetisch konzipierter Text, der nicht die Breite des Romans und nicht die dramatische Komposition der Novelle besitzt.
- **Kalendergeschichte:** kurze volkstümliche Erzählung mit lehrhafter Absicht; wurde ursprünglich in Kalendern für Bauern und Handwerker veröffentlicht.
- **Kurzgeschichte:** erzählt eine besondere Begebenheit; Ausschnitt aus dem Leben nur weniger Figuren unter Verknappung der Handlung zum Nach- oder Weiterdenken; die Figuren werden nur durch Merkmale gezeichnet, die für die Geschichte unmittelbar von Bedeutung sind; der Einstieg erfolgt meist unvermittelt, der Schluss ist meist offen.
- **Novelle:** „kleine Neuigkeit"; längere Erzählung mit einem geschlossenen Aufbau; ähnlich wie im Drama entwickelt sich ein zentraler Konflikt in der Konfrontation von Neuem, Ungewöhnlichem mit dem Herkömmlichen; in der Regel nimmt ein Schicksal auf einem Höhe- oder Wendepunkt einen jähen Umschlag; die Handlung entwickelt sich meist linear, auf eine episch breite Erzählweise wird verzichtet.
- **Parabel:** Vergleich; Erzählung, in der eine konkrete Ebene (Bildteil) auf eine allgemeine geistige Ebene (Sachteil) verweist, wobei sich aus dem Verhältnis der Ebenen zueinander die Bedeutung ergibt; in lehrhaften Parabeln kann das Verständnis aus dem Beispielcharakter der Bildebene erschlossen werden.
- **Roman:** in der Länge und Komplexität von anderen Genres abgegrenzt; Ideengehalt, Handlungsverlauf und Figurengestaltung sind vielschichtig; es gibt eine Vielzahl an Romantypen wie z. B. den Kriminalroman, den Liebesroman, den Entwicklungsroman, den Jugendroman, den Briefroman, …
- **Satire** (auch in lyrischer oder szenischer/dramatischer Form): Spottdichtung, die mangelnde Tugend oder gesellschaftliche Missstände anklagt; mögliche oder reale Verhältnisse werden dabei einseitig beschrieben oder extrem übertrieben, wodurch Einsichten radikal offengelegt werden.

Raum/Raumgestaltung
Der Erzähler kann den Schauplatz oder „Raum" der Handlung entsprechend seiner Funktion gestalten; folgende Grundfunktionen der Raumgestaltung lassen sich unterscheiden:

- **Schauplatz, Ort:** der Schauplatz der Handlung an sich kann bedeutungskonstituierend sein (Innenraum, öffentlicher Raum, Außenwelt, …); die einfache Beschreibung des Ortes kann bereits Aufschluss über Figurenkonstellationen oder Handlungszusammenhänge geben.
- **Ambiente:** die soziale Umwelt als Ausdruck des gesellschaftlichen Lebensstils einer Figur; Widerspiegelung
- der gesellschaftlichen Umwelt der Figur, z. B. bei Kleidung, Wohnung, Haltung, …
- **soziales Milieu:** die soziale Umwelt in ihrer Funktion als bestimmendes Milieu, das die Figur in ihrem Denken, Fühlen, Handeln und Sprechen prägt.
- **Stimmungsraum:** die Unterstreichung des Gemütszustandes einer Figur durch eine bestimmte Atmosphäre, z. B. Gewitterschwüle (kurz vor einer emotionalen Eruption der Figur) oder Sonnenschein (Heiterkeit und Gelassenheit der Figur).

- symbolischer Raum: die Verdichtung der gesamten Thematik in anschaulichen, bedeutsamen Bildern (Symbolen) mit Verweisfunktion.

Zeit/Zeitgestaltung
Die Zeitgestaltung ergibt sich aus dem Verhältnis zwischen erzählter Zeit (d. h. der Zeit, über die sich das erzählte Geschehen erstreckt) und der Erzählzeit (d. h. der Zeit, die man zum Erzählen bzw. Lesen/Vortragen braucht):

Zeitgestaltung	(bevorzugte) Darbietungsform	Verhältnis von Erzählzeit und erzählter Zeit
zeitraffendes Erzählen	Erzählerbericht	Erzählzeit < erzählte Zeit
zeitdeckendes Erzählen	szenische Darstellung	Erzählzeit = erzählte Zeit
zeitdehnendes Erzählen	Innerer Monolog, Bewussteinsstrom	Erzählzeit > erzählte Zeit
	Erzählerkommentar	zeitneutral

Abweichungen von der Chronologie können sich durch Rückblenden (ein zurückliegendes Ereignis wird als Erinnerung oder Erklärung in die Erzählgegenwart eingebracht) oder Vorausdeutungen (= Verweise auf ein künftiges Geschehen) ergeben.

LYRIK

Klanggestalt
Ein Gedicht erzielt seine Wirkung und Ausdruckswerte nicht zuletzt über die Klanggestalt der Verse: Klangfarbe, Lautmalerei und Reim erzeugen wesentliche akustische Reize.

- **Klangfarbe:** Helle oder dunkle Vokale, weiche oder harte Konsonanten, d. h. die Tönung durch die Aussprache einzelner Laute oder Worte, können verschiedene Natureindrücke oder Gefühlszustände spiegeln, z. B. R*iechst du, wie die Flammen rauchen, / brenzlig, brutzlig, brandig schmauchen …*
- **Lautmalerei:** Die Onomatopöie ahmt akustische Eindrücke durch sprachliche Bildungen (Wort oder Satz) nach, um beim Leser die gleichen Sinneseindrücke zu erzeugen, z. B. *Wie der Regen tropft, Regen tropft, / an die Scheiben klopft!*

Anfang und Ende eines Verses sind hinsichtlich der Klanggestalt meist besonders hervorgehoben:

Ein **Auftakt** liegt vor, wenn der Vers mit einer oder mehreren unbetonten Silben beginnt	Es (= unbetont) schlug mein Herz, geschwind zu Pferde
Mit dem Begriff **Kadenz** beschreibt man die metrische Struktur des Versendes. Folgt auf die letzte betonte noch eine unbetonte Silbe, sprich man von einer **klingenden** oder **weiblichen Kadenz**.	Festgemauert in der Érden …
Verse, die mit einer Betonung enden, haben eine **stumpfe** oder **männliche Kadenz**.	Steht die Form, aus Lehm gebránnt.

Sprecher, Adressat
Im Gedicht wird vom Autor eine Perspektivfigur geschaffen, die die Dinge dem Leser aus ihrer Sicht vermittelt. Der Sprecher kann sich als **lyrisches Ich** (der Sprecher benennt sich selbst mit „Ich") oder als **Rollen-Ich** (d. h. das „ich" steht für eine typische Figur, z. B. ein liebendes Mädchen) äußern oder ganz zurücktreten (d. h. der Sprecher verweist nicht mit dem Pronomen „ich" auf sich selbst). Der Sprecher kann sich dabei an eine oder mehrere Personen, also an einen **Adressaten**, wenden. Der Adressat kann benannt sein (z. B. „Du") oder unbenannt bleiben.

Reim
Mit Reim bezeichnet man den Gleichklang von mindestens zwei Wörtern von ihrer letzten betonten Silbe an (z. B. Rang/Gang, leben/geben). Nach der Stellung des Reims im Vers unterscheidet man:

Anfangsreim: Die ersten Silben zweier aufeinanderfolgender Verse reimen sich.	Krieg! Ist das Losungswort. Sieg! Und so klingt es fort.
Binnenreim: Zwei oder mehr Wörter innerhalb eines Verses reimen sich.	Bei stiller Nacht zur ersten Wacht …
Endreim: Die letzten Silben am Ende zweier oder mehrerer Verse reimen sich.	Es stand vor eines Hauses Tor Ein Esel mit gespitztem Ohr.

- **Paarreim:** aabb
- **Kreuzreim:** abab
- **umschließender (umarmender) Reim:** abba
- **Schweifreim:** aab, ccb
- **Haufenreim:** aaaa, bbbb

Nach der Lautgestalt des Reims unterscheidet man:

reiner Reim: Die Laute stimmen vom letzten betonten Vokal an genau überein.	Es stand vor eines Hauses Tor Ein Esel mit gespitztem Ohr.
reicher Reim: Der Gleichklang beginnt schon mit dem vorletzten betonten Vokal.	tugendreiche – Jugendstreiche
Halbreim: Reimen sich nur die letzten betonten Vokale, nicht aber die folgenden Konsonanten, spricht man von vokalischem Halbreim (= **Assonanz**).	Ach neige, du Schmerzensreiche …
unreiner Reim: Reimen sich die Konsonanten, stimmen aber die Vokale nur vom ungefähren Klangbild überein, spricht man von einem konsonantischen Halbreim oder unreinen Reim.	Gemüt – Lied, Haus – schaust, sprießen – grüßen
identischer Reim: Der Reim entsteht jeweils durch dieselben Wörter.	Geh, es hat keinen Zweck! / Ich wiege mit der Ähre, niemand weiß mein Versteck. / … / doch hat es keinen Zweck – / Jetzt wieg ich mit der Ähre, /… / im Wind ist mein Versteck.

Rhetorische Figuren

→ Kap. 3, S. 28 f.

Rhythmus und Metrum

Jede Form des Sprechens hat einen **Rhythmus**. Die Abfolge von betonten (Hebung) und unbetonten Silben (Senkung) und die Sprechweise (Betonung, Tempo, Pausen) machen den Rhythmus aus. Er bestimmt die Wirkung/Aussage des Gedichts mit (fließend, spröde, …). Das **Metrum** bindet die Hebungen und Senkungen in einer regelmäßigen Abfolge. Mehrere Takteinheiten, in denen es jeweils nur eine Hebung gibt, bilden den Vers. Dieser wird dann als zwei-, drei-, vierhebig (usw.) bezeichnet. Die Einheit selbst heißt Versfuß oder Metrum. Wichtig ist, die Formelemente nicht nur zu benennen, sondern auch auf ihre Wirkung (den sinnlich-emotionalen Eindruck) bzw. ihre Bedeutung einzugehen. Wichtige Taktarten sind:

- **Jambus** (unbetont, betont = x X): wirkt aufsteigend, beschleunigend, z. B. im Vers *Der Mond ist aufgegangen*
- **Trochäus** (betont, unbetont = X x): wirkt abfallend, beruhigend, z. B. im Vers *Abend wird es wieder*
- **Daktylus** (betont, unbetont, unbetont = X x x): wirkt fallend, z. B. im Vers *Wenn nun der silberne Mond*
- **Anapäst** (unbetont, unbetont, betont = x x X): wirkt steigend, z. B. im *Vers Stiller Mond, guter Freund, warum willst du schon ziehn?*
- **Alexandriner** (sechshebiger Jambus mit Zäsur in der Versmitte = x X / x X / x X // x X / x X / x X / (x), z.B. im Vers *Was dieser heute baut, reißt jener morgen ein.*
- **freier Vers:** Verse von unterschiedlicher Länge mit wechselnder Hebungszahl, aber meistens alternierend (mit regelmäßigem Wechsel von Hebung und Senkung), z.B. *Der Geist der Medizin ist leicht zu fassen! / Ihr durchstudiert die groß und kleine Welt, / Um es am Ende gehen zu lassen, / Wie's Gott gefällt.*

Vers, Strophe

Erst der **Vers** – nicht der Reim – macht ein Gedicht zum Gedicht. Während ein Prosatext als Fließtext (wenn auch mit Absätzen und ggf. mit Zwischenüberschriften) gestaltet ist, ist ein Gedicht durch Zeilenbrüche gekennzeichnet. Stimmen Satzende und Zeilenende überein, spricht man von **Zeilenstil**. Überspringt der Satz das Zeilenende und wird im folgenden Vers fortgesetzt, liegt ein **Enjambement** (Zeilensprung) vor. Die **Strophe** bündelt die einzelnen Verse zu einer relativen inhaltlichen und/oder formalen Einheit. Es gibt freie Strophenformen, aber auch solche, die durch ihre Reimform oder auch durch die Metrik festgelegte Gedichtformen bilden: so z. B. das Sonett oder das Volkslied.

DRAMATIK

Dramatische Genres

Die dramatischen Genres entsprechen entweder epochenübergreifenden Handlungs- und Konfliktlösungsmustern (z. B. Tragödie, Komödie, Groteske) oder aber epochenspezifischen Mustern (z. B. klassisches Drama, bürgerlicher Trauerspiel, soziales Drama); außerdem haben sich mediale Muster (z. B. Oper, Fernsehspiel, Puppentheater) ausgeprägt.

Dramatisches Sprechen
Folgende Formen lassen sich unterscheiden:
- **Dialog:** von zwei oder mehr Figuren abwechselnd geführte Rede und Gegenrede
- **Monolog:** Selbstgespräch einer Bühnenfigur
- **Beiseitesprechen:** eine Bühnenfigur sagt etwas, was ihre Dialogpartner auf der Bühne nicht hören, wohl aber das Publikum.
- **Teichoskopie:** Mauerschau; durch den Bericht eines Beobachters - oft von überhöhter Warte aus - werden gleichzeitig ablaufende Ereignisse vergegenwärtigt, die auf der Bühne nicht darstellbar sind, z. B. Schlachten oder Schiffskatastrophen.
- **Botenbericht:** eine Bühnenfigur berichtet von vergangenen Ereignissen, die auf der Bühne nicht dargestellt werden können; der Botenbericht ist, wie die Teichoskopie, ein Mittel der „drei Einheiten" im „geschlossenen Drama".
- **Chor:** im (antiken) Drama eine Gruppe von Figuren, die durch Sprechgesänge die Handlung auf der Bühne kommentiert, aber auch die Spielfiguren wie die Zuschauer direkt anspricht.

Figuren
Hauptfiguren eines Dramas sind in der Regel als **komplexe Charaktere** mit individuellen Eigenschaften entworfen. Komplexe Charaktere haben ein unverwechselbares Schicksal, bestimmen den Gang der Handlung entscheidend mit, sprechen eine eigene Sprache und zeigen individuelle Eigenschaften. Viele **Nebenfiguren** sind dagegen nicht wegen ihres Charakters wichtig, sondern nur für den Fortgang der Handlung nötig. Häufig sind diese Figuren auf einen Charakteraspekt reduziert; man spricht dann von **Typen**.

Fünfaktschema des klassischen Dramas
Das klassische Drama folgt in seinem Aufbau folgendem Schema:
- **Akt I** (= Exposition): Einstieg in Handlung: Ort und Zeit des Geschehens werden deutlich, die wichtigsten Figuren werden vorgestellt, der Konflikt wird angedeutet.
- **Akt II** (= Steigerung): Handlung wird durch ein steigerndes Moment in Gang gesetzt, der Handlungskonflikt wird deutlich sichtbar.
- **Akt III** (= Höhepunkt/Peripetie): Konflikt kommt zum Ausbruch, seine Unlösbarkeit wird zum entscheidenden Wendepunkt im Schicksal einer Figur.
- **Akt IV** (= Retardation): Katastrophe wird durch ein retardierendes Moment (z. B. Hoffnung auf eine Lösung des Konflikts) hinausgezögert.
- **Akt V** (= Katastrophe): Handlungskonflikt führt zum Untergang des Helden (bzw. zu einer schlimmen Folge für die Figuren).

Handlung
Es wird zwischen verschiedenen Arten von Handlungen unterschieden:
- **äußere Handlung:** Geschehen auf der Bühne oder auf anderen Handlungsschauplätzen
- **innere Handlung:** Vorgänge und Entwicklungen, die sich im Inneren der Figuren abspielen
- **offene Handlung:** auf der Bühne sichtbare Handlung
- **verdeckte Handlung:** Geschehen, das auf der Bühne nicht sichtbar ist und dem Zuschauer durch Figurenrede vermittelt wird. Botenbericht oder Teichoskopie sind Möglichkeiten, für den Zuschauer nicht sichtbare Handlung wiederzugeben.

Konflikt
Das Aufeinandertreffen von Personen mit gegensätzlichen Auffassungen oder Absichten führt zu Parteienbildung und zum Konflikt. Im traditionellen Drama eröffnet und bestimmt der Konflikt den Verlauf der Handlung (über Höhe- und Wendepunkt zur Lösung). Konfliktlösungsmuster führen zur Bildung dramatischer Genres: In der **Tragödie** endet der Konflikt meist mit der Katastrophe, in der **Komödie** mit der Auflösung aller Verwicklungen und einem glücklichen Ende.

Strukturelemente des Dramas
Man unterscheidet:
- **Szene** (Auftritt): Unterabschnitt der dramatischen Handlung, der meist mit einem Figurenwechsel einhergeht und einen Handlungsschritt bildet
- **Akt** (Aufzug): Hauptabschnitt der dramatischen Handlung (vgl. auch das Stichwort „Fünfaktschema des klassischen Dramas")..
- **Prolog:** Vorrede bzw. -spiel, das in die Thematik des Stückes einführt
- **Epilog:** Nachspiel, das die Handlung reflektiert
- **Zwischenspiel:** Unterbrechung der eigentlichen Handlung durch kurze, meist komische Szenen, im epischen Theater auch durch Lieder.

Strukturmuster

geschlossenes Drama	offenes Drama
einsträngige Haupthandlung, die auf ein Ziel hinführt; Nebenhandlungen sind auf die Haupthandlung bezogen; kausale und überzeugende Entwicklung der Handlung (= Einheit der Handlung)	oft mehrere gleichgewichtige Handlungsstränge, lockere Struktur der Einzelszenen; Zusammenhang wird über die Figuren und/oder Leitmotive geschaffen
mündige, selbstbestimmte Figuren, die das Geschehen durch ihr Handeln bestimmen	Antihelden, die von ihrem sozialen Umfeld bestimmt werden; wenig Gestaltungsspielraum
wenige Personen, unterteilt nach Haupt- und Nebenfiguren; übersichtliche Figurenkonstellation, oft Held und Gegenspieler oder auch Dreieckskonstellation	Vielzahl von Figuren, die oft den unterschiedlichsten sozialen Schichten entstammen; keine eindeutige Figurenkonstellation
eindeutiger Anfang, markiert durch das Eintreten einer Konfliktsituation; eindeutige Lösung am Schluss, Klärung der Vorgeschichte in einer Exposition, chronologische Handlungsverlauf ohne große Zeitsprünge innerhalb eines kurzen Zeitraums (= Einheit der Zeit)	unvermittelter Beginn, Vorgeschichte wird nicht geliefert, offener Schluss; Handlung kann sich (mit Zeitsprüngen) auch über sehr lange Zeiträume (oft Jahre oder sogar Jahrzehnte) erstrecken
Kunstsprache (meist Verssprache), jedoch ist eine individualisierte Charakterisierung der Figuren durch die Sprache möglich	realistische Alltagssprache; oft mangelnde Artikulationsfähigkeit der Figuren (bis zur Sprachlosigkeit)
wenig Schauplätze (= Einheit des Ortes)	häufig viele Handlungsorte, die auch weit voneinander entfernt sein können
Bühnenwelt als idealisiertes Bild der Wirklichkeit	Bühnenwelt als Abbild der Wirklichkeit, die in ihrer Komplexität kaum zu erfassen ist

BILDQUELLENVERZEICHNIS

S. 6: ra2 studio - stock.adobe.com / Fotolia; **S. 12:** Pixsell / EXPA / picturedesk.com; **S. 14:** APA-Grafik / picturedesk.com; **S. 22:** underdogstudios - stock.adobe.com / Fotolia; **S. 24.1:** Grafik: Adam Silye; **S. 24.2:** Hendrik Schwartz / Fotolia; **S. 32:** Yuri Arcurs / Fotolia; **S. 40:** Wikimedia Commons / Public Domain; **S. 42.1:** Michael Holtschulte, Herten; **S. 42.2:** Cenata GmbH, Tübingen; **S. 47.1:** Science Photo Library / picturedesk.com; **S. 47.2:** Alexander Raths / Fotolia; **S. 48:** MarcelC / Thinkstock; **S. 49:** Grafik: Adam Silye; Quelle: USDA, Oil World, AMI; **S. 51:** Claudia Nagel / Fotolia; **S. 56:** eyetronic - stock.adobe.com / Fotolia; **S. 58:** Péter Puszta, Köln; **S. 61.1:** Georg Hochmuth / APA / picturedesk.com; **S. 61.2:** Die Trauzeugen / F1Online / picturedesk.com; **S. 61.3:** öbv, Wien; **S. 61.4:** öbv, Wien; **S. 66:** Jürgen Fälchle / Fotolia; **S. 74:** Mag. Elke Fuger / öbv; **S. 81:** Goethezeitportal e.V., München; **S. 82:** Wilhelm Busch Gesamtausgabe / Wikimedia Commons - Public Domain; **S. 88:** Moritz Wussow / Fotolia